Daniel Robbel | Dirk Unschuld

111 Orte
im Ahrtal,
die man gesehen
haben muss

111

emons:

Für Christa Robbel.
Mit Dank an Werner Schüller.

Bibliografische Information der Deutschen Nationalbibliothek
Die Deutsche Nationalbibliothek verzeichnet diese Publikation
in der Deutschen Nationalbibliografie; detaillierte bibliografische
Daten sind im Internet über http://dnb.d-nb.de abrufbar.

© Emons Verlag GmbH
Alle Rechte vorbehalten
© der Fotografien: Daniel Robbel und Dirk Unschuld, außer:
Ort 8: Udo Robbel; Ort 61: Martin Gaussmann
© Covermotiv: shutterstock.com/Kovaleva_Ka
Layout: Eva Kraskes, nach einem Konzept
von Lübbeke | Naumann | Thoben
Kartografie: altancicek.design, www.altancicek.de
Kartenbasisinformationen aus Openstreetmap,
© OpenStreetMap-Mitwirkende, ODbL
Druck und Bindung: CPI – Clausen & Bosse, Leck
Printed in Germany 2020
ISBN 978-3-7408-0850-1
Originalausgabe

Unser Newsletter informiert Sie
regelmäßig über Neues von emons:
Kostenlos bestellen unter
www.emons-verlag.de

Vorwort

Das Ahrtal – da denkt man zunächst an eine wildromantische Landschaft und nicht zuletzt an Wein. Doch das kleinste Rotwein-Anbaugebiet der Welt hat viel mehr zu bieten als rauschende Winzerfeste, historische Weinbergterrassen und Premium-Wanderwege. Eine Tatsache, die nicht nur in der besonders hohen Identifikation der Einheimischen mit »ihrem« Tal, sondern auch in den seit vielen Jahren kontinuierlich steigenden Zahlen in Sachen Touristen und Tagesbesucher zum Ausdruck kommt.

Neben erfolgreichen Frequenzbringern wie Rotweinwanderweg, Dokumentationsstätte Regierungsbunker und den zahlreichen Events der Weinorte hält das Ahrtal auch etliche Überraschungen, Kleinode und Kuriosa bereit, die selbst den »Ureinwohnern« oftmals verborgen bleiben und entdeckt werden wollen. Landschaftlich unverändert, hat das knapp 80 Kilometer lange Tal zwischen Blankenheim und Sinzig – abgesehen von den bis in die 1980er Jahre andauernden, teilweisen Weinbergs-Flurbereinigungen – sein Gesicht nicht verändert. Wohl aber hat sich das Zielpublikum geändert. Galten Orte wie Altenahr oder Mayschoß auch dank der voll besetzten Besucher-Sonderzüge aus dem Ruhrgebiet noch bis in die 1970er Jahre als »El Arenal« der Eifel, setzt man seit den 1980er Jahren strikt auf Qualität in allen Bereichen: Hervorragende Weine und Gastronomie, flankiert von Wellness, Wandern und Gesundheit in kleinen Städtchen und pittoresken Weindörfern, haben der Ahr eine große Fangemeinde und viel Nachhaltigkeit beschert. Und doch gibt es die erwähnten Besonderheiten abseits des Mainstreams, zu deren Erleben dieses Buch einladen möchte. Ob Orte mit unglaublichen und kuriosen Geschichten, schräger Kunst oder historischen Besonderheiten – rund um die »wilde Tochter des Rheins« wird mit reizvollen Plätzen nicht gegeizt. Da kommt selbst der »Ahrtal-Insider« auf seine Kosten!

111 Orte

1 Altes Wehrmachts-Casino
Planschvergnügen über dem NS-Symbol

Die Geschichte des kleinen, beschaulichen Ortes Ahrbrück an der Ahr ist geprägt von Krieg und Vertreibung. Einige Jahre vor Ausbruch des Zweiten Weltkriegs stampfte die Luftwaffe hier ein Übungsareal aus dem Boden, um das Flächenbombardement zu proben. Die damaligen Einwohner – der Ort hieß seinerzeit noch Denn – traf das ziemlich hart. Es entstanden große Umsiedlungspläne, damit Hitlers Bomber ihre Zielübungen durchführen konnten.

Die dazugehörige Kommandantur wurde in der heutigen Sudetenstraße errichtet. Da den Angehörigen der Wehrmacht auch ein gewisser Grad an Luxus und die Möglichkeit zur Zerstreuung geboten werden sollten, gab es ein Casino zum allgemeinen Zeitvertreib sowie ein Schwimmbad. Während das Hauptgebäude der Leitstelle nach wie vor steht, existiert das Schwimmbad schon lange nicht mehr. Mit ihm verbindet sich jedoch eine Geschichte, die auch heute noch in den Köpfen der älteren Ahrbrücker fest verankert ist. Nach Kriegsende planschten dort nämlich die Kinder des Dorfes. Das Bad war recht ordentlich erhalten, und auch die kriegsgeplagten Heimkehrer freuten sich über die Möglichkeit zur Erfrischung. Während sich die Ahrbrücker Männer in der (heute noch bestehenden) Dorfkneipe zum Frühschoppen versammelten, tummelten sich die Kleinen im nahen Schwimmbad, dessen Wasser naturtrüb, bräunlich und ganz ungefiltert ohne Chlorung aus dem Kesselinger Bach stammte. Irgendwann besann man sich und wollte das Ahrbrücker Schwimmbad modernisieren. Fortan sollte klares Wasser das Becken füllen, und damit kam die Wahrheit der Vergangenheit ans Licht: Auf dem Beckenboden prangte ein gigantisches gefliestes Hakenkreuz. Den Kindern der Nachkriegsgeneration war dies herzlich egal. Sie ließen sich auch von dem Zeichen der vergangenen NS-Diktatur das Planschen in den legendär heißen Sommern von damals nicht verderben.

Adresse Sudetenstraße 19, 53506 Ahrbrück | **ÖPNV** Ahrtalbahn, Haltestelle Ahrbrücker Bahnhof | **Anfahrt** B 257 nach Ahrbrück, in der Ortsmitte in die Sudetenstraße abbiegen | **Tipp** Ahrbrück ist ein Knotenpunkt interessanter Landstraßen, die besonders für Motorradfahrer viel Abwechslung bieten. Schnell ist man in Adenau, Altenahr und auch Ramersbach. Biker-Cafés laden zur Einkehr ein.

2 Der Hexenstein

Die letzte Hexe des Ahrtals

Wo viel Licht ist, ist auch viel Schatten. Und da die Sonne auch im späten Mittelalter häufig über den Windungen der Ahr schien, suchten hier die Häscher der katholischen Kirche nach Frauen, die der Zauberei nachgingen. Und spürten so in Pützfeld Else Simons auf. Simons zählte 50 Jahre, hatte neun Kinder und war eine Hexe. Das befanden zumindest die damaligen Richter des Dorfes sowie 17 Denunzianten aus dem Dorf. So wurde Simons am 17. Juli 1649 zum »Wolfgraben« gezerrt, einer Hochgerichtsstätte. Dort wurden Hexen und andere Zauberkundige in Schauprozessen angeklagt, was stets mit der Verkündung der Höchststrafe endete: dem Tod. Die Stätte war zugleich der Ort, an dem die Exekution durchgeführt wurde.

Auch Else Simons wurde hier verbrannt. Aus dem erhalten gebliebenen Protokoll geht hervor, dass die Frau ihre nächtlichen Umtriebe nach einer grausamen Folter gestand. Mittels Hexerei soll sie zahlreichen Menschen Leid gebracht haben, schwor vor dem Tode der schwarzen Magie ab und bedankte sich noch artig bei ihren Henkern.

Nur das Geld bereitete ihr zuletzt Sorgen: Schließlich musste ihr Ehemann den Prozess bezahlen, und man möge ihn doch bitte etwas schonen. Und Else Simons war nicht nur geständig, sondern finanziell im Angesicht des nahenden Todes überaus kooperativ. Sie selbst bezichtigte weitere 27 Personen der Hexerei, sie sollen mit ihr nachts getanzt und den Teufel angerufen haben.

Es müssen sich grausige Szenen abgespielt haben. Immerhin: Else Simons war die letzte »Hexe«, die im Ahrtal ermordet wurde. Zum Glück, denn damals wurden sehr viele Menschen beschuldigt, schwarze Magie zu betreiben. Heute erinnert der Hexenstein im Wald oberhalb des Dorfes an Simons und die Frauen, die dort vor ihr den Tod fanden. Das rund 1,5 Meter hohe steinerne Denkmal wurde 2008 auf die Lichtung gesetzt.

Adresse Auf der Ley, 53506 Ahrbrück | **Anfahrt** aus Richtung Pützfeld: von der B 257 aus Richtung Altenahr kommend liegt Dümpelfeld auf der linken Seite, über die Steinerberg-straße auf die Straße Auf der Ley; von der Ahrbrücker Seite nur fußläufig zu erreichen | **Tipp** Neben dem Hexendenkmal befindet sich die Silvesterhütte. Außer Sitzgelegenheiten und einem Grillplatz bietet sie einen schönen Ausblick auf das Tal und die Pützfelder Kapelle.

3 Die Ahrweiler Kirchenmäuse

Kleine Bewohner mit Wohlstandsbauch

»Arm wie eine Kirchenmaus« zu sein ist kein erstrebenswerter Zustand. Die Redewendung geht darauf zurück, dass Mäuse, anders als zum Beispiel in Vorratskammern, im Gotteshaus keine Nahrung finden und somit Hunger leiden müssen. Es gibt aber auch Ausnahmen: Die St.-Laurentius-Kirche ist ein reicher Ort, wo es für Nager immer etwas zu futtern gibt. Hier hat man den kleinen Tierchen sogar ein filigranes Denkmal gesetzt. An der letzten Säule im Hauptschiff krabbeln zwei possierliche Mäuse aus Bronze das Gemäuer empor. Diese zu finden ist eine wahre Detektivarbeit, denn im »schönsten Haus von Ahrweiler«, wie die Einheimischen ihre Kirche nennen, sind zahlreiche tierische Lebewesen verewigt. In den bunten Glasfenstern, Skulpturen und Schnitzereien sind sage und schreibe 200 Abbildungen von Tieren 40 verschiedener Spezies zu finden.

Nur die Mäuse fehlten eben noch. Die Idee ging vom »Heimatverein Alt-Ahrweiler« aus, dessen Vorsitzender Dr. Wilbert Herschbach die Mäuschen vor einigen Jahren gießen ließ und der Kirchengemeinde von St. Laurentius stiftete. Ihren heutigen Standort nahe dem Altar verdanken die beiden dem Pfarrer Jörg Meyrer, der sie an die betreffende Säule dübeln ließ. Inzwischen ist ein wahrer Fan-Kult um die possierlichen Tierchen entstanden. Besonders Schülergruppen aus nah und fern gehen gerne auf die Suche nach den kleinen Mäuschen, die trotz fester Verankerung im Stein sehr, sehr scheu sein sollen. Steht man erst einmal vor ihnen, sind sie an ihren prallen Bäuchlein gut zu erkennen. Die vollen Mägen der Tierchen sollen übrigens einer ganz modernen Legende nach daher stammen, dass viele Besucher sie tatsächlich mit allerlei Leckereien füttern.

Nicht zu vergessen: Die beiden Mäuse haben auch Namen. Im Gedenken an ihre geistigen Väter wurden sie auf die Namen »Wilbert« und »Jörg« getauft.

Adresse Marktplatz, 53474 Ahrweiler | **ÖPNV** Ahrtalbahn, Haltestelle Ahrweiler Markt | **Anfahrt** von der L 83 über die Wilhelmstraße zum historischen Ortskern, Parkplätze am Ahrtor, von dort zu Fuß | **Tipp** Gleich neben der Kirche steht die Zehntscheuer, in der im Mittelalter die Leibeigenen ihre Erzeugnisse als Zehnt abgegeben haben. Heute finden dort Feste und Kulturveranstaltungen statt.

4_ Der Amtsschimmel vor der Kreisverwaltung

Ein Kunstwerk für weniger Bürokratie

Es ist nun mal, wie es ist: Ohne Bürokratie geht's in Deutschland nicht. Denn Regeln sorgen für Ordnung. Da aber ein Übermaß an Paragrafenreiterei bekanntlich auch nicht gut sein soll, wollte man Mitte der 1980er Jahre seitens der Verwaltung ein Zeichen nach außen setzen, dass man das ebenfalls begriffen habe. Deshalb schuf der Künstler Johann Baptist Lenz 1986 im Auftrag des damaligen Landrats Egon Plümer die Bronzeskulptur »Die Austreibung des Amtsschimmels«. Sie zeigt ein wieherndes Pferd mit einer Schriftrolle um den Hals, die Paragrafenzeichen trägt. Schräg dahinter steht ein aufgebracht dreinblickender Bürger, der auf das Schriftstück weist und den Schimmel antreibt. Ein besonderes Merkmal dabei ist, dass das metallene Pferd vor und nicht im Kreishaus steht: Die Austreibung ist also bereits vollbracht.

Der Künstler war ein echter Sohn der Region. Johann Baptist Lenz wurde 1922 in Oberkail in der tiefen Eifel geboren und wertete zahlreiche Städte mit seinen prägnanten Skulpturen auf. So schmücken sich auch Prüm, Hermeskeil und Himmerod mit seinen Werken. Bis zu seinem Tode im Jahr 2007 blieb der Amtsschimmel jedoch seine einzige Spur im Kreis Ahrweiler. Lenz hat damit ein überdauerndes Zeichen gesetzt, das heute jeder Ahrweiler kennt. Der Amtsschimmel wurde sogar einmal lebendig, als sich ein anderer, moderner Künstler des Erbes von Lenz annahm: André Weber, Fachmann für Computer-Animation aus Dernau, hauchte dem Bronzepferd virtuell Leben ein. Der Schimmel nimmt – angetrieben durch einen schallenden Klatscher auf das Gesäß durch den sorgenvollen Bürger – leibhaftig Reißaus. Weit kommt er aber nicht. Im Schaufenster des gegenüberliegenden Geschäfts findet die Flucht ein jähes und laut klirrendes Ende. Das Video der Kunstaktion kann man sich auf YouTube ansehen (https://www.youtube.com/watch?v=nbtRLcz1Krc).

Adresse Wilhelmstraße 24–30, 53474 Ahrweiler | **ÖPNV** Ahrtalbahn, Haltestelle Bahnhof Ahrweiler oder Ahrweiler Markt | **Anfahrt** A 573, Ausfahrt Ahrweiler, dann auf die Wilhelmstraße | **Tipp** Nur rund 400 Meter vom »Amtsschimmel« entfernt findet sich am Verteilerkreis Richtung A 61/Mittelzentrum das »Weiße Kreuz«, das in früheren Zeiten die Gemarkungsgrenze zwischen Ahrweiler und Bad Neuenahr markierte.

5 Das Berliner-Mauer-Stück

Das Ahrtal im Fokus deutsch-deutscher Geschichte

Als im Herbst 1989 das Ende der DDR näher rückte, schrieb auch Bad Neuenahr-Ahrweiler ein kleines Stück deutsch-deutscher Geschichte. Mehr als 800 Übersiedler aus der Deutschen Demokratischen Republik waren es, die am 5. Oktober 1989 aus der deutschen Botschaft in Prag via Sonderzug am Ahrweiler Bahnhof ankamen – kurz nachdem Außenminister Hans-Dietrich Genscher seine berühmte Rede gehalten hatte.

Nach umfangreicher und freudiger Begrüßung durch zahlreiche Bürger und die Vertreter der örtlichen Politik fanden die Menschen in den Räumlichkeiten der damaligen Katastrophenschutzschule des Bundes hoch über der Kreisstadt eine erste, vorläufige Bleibe.

Groß war die Anteilnahme der Bevölkerung, die jede Menge Güter des täglichen Bedarfs, aber auch Spielzeug für die Kinder spendete. Während die schulpflichtigen Kinder und Jugendlichen auf die umliegenden Schulen verteilt wurden, begab sich das Arbeitsamt Ahrweiler direkt an die Herkulesaufgabe, alle Übersiedler in Lohn und Brot zu bringen. Die Kreisverwaltung übernahm die notwendigen Formalitäten, das Krankenhaus Maria Hilf kümmerte sich um die medizinische Versorgung. Die Katastrophenschutzschule entwickelte sich in den kommenden Wochen zum Bundesaufnahmelager, sogar Bundespräsident Richard von Weizsäcker und weitere Politiker kamen zu Besuch.

Rund 3.000 Flüchtlinge waren es schließlich, die in jenen Tagen mit weiteren Sonderzügen Ahrweiler erreichten, einige von ihnen blieben in der Region.

Die herzliche Aufnahme im Kreis Ahrweiler vergaßen die Übersiedler nicht, und so stifteten sie – auch um der friedlichen Revolution in der DDR zu gedenken – ein Originalstück der Berliner Mauer, das heute auf dem Landrat-Joachim-Weiler-Platz vor dem Ahrweiler Bahnhof zu besichtigen ist. Ein Symbol der Teilung, das zugleich für das vereinte Deutschland und das vereinte Europa steht.

Deutschland
einig Vaterland
auf dem Weg
zum vereinten Europa

Adresse Landrat-Joachim-Weiler-Platz, 53474 Ahrweiler | **ÖPNV** Ahrtalbahn, Haltestelle Ahrweiler | **Anfahrt** über die Wilhelmstraße in die Bahnhofstraße, dort sind Parkplätze vorhanden | **Tipp** Fast direkt neben dem Mauerstück, ebenfalls auf dem Landrat-Joachim-Weiler-Platz, befindet sich ein filigraner Brunnen, der vor allem im Sommer zum Verweilen und Erfrischen einlädt.

6 Die Blindentafel

Ein Rundgang mit Gefühl und Achtsamkeit

Man kann den Bauherren von damals keinen Vorwurf machen. Die mittelalterlichen Stadtplaner Ahrweilers konnten nicht damit rechnen, dass irgendwann Menschen mit Rollatoren und Rollstühlen ihre Straßen, die aus rund polierten Pflastersteinen gelegt sind, benutzen. Deshalb hat sich die Stadt in der jüngeren Vergangenheit darum bemüht, prekäre und schwer zugängliche Orte baulich umzugestalten. Somit zog die Barrierefreiheit in die alte Stadt und ihre Straßen ein.

Der Heimatverein »Alt-Ahrweiler« stellte vor einigen Jahren eine Blindentafel vor der Kirche auf. Das Relief aus Bronze wurde kostenlos von dem Künstler Franz Ulrich geschaffen. Zunächst fällt der ellipsenförmige Grundriss des Stadtkerns mit Wehrmauer ins Auge.

Des Weiteren sind 14 historische Gebäude inklusive der prägnanten Stadttore, die in alle vier Himmelsrichtungen weisen, dort abgebildet. Viele Architekturdenkmäler Ahrweilers sind dabei, so zum Beispiel das Wolff'sche Haus, die Zehntscheuer oder der Blankartshof, alle mit filigranster Metallarbeit herausgearbeitet. Mit Hilfe dieser Tafel können sich Sehbehinderte, aber ebenso sehende Besucher – und ausdrücklich auch Kinder – einen Rundgang durch Ahrweiler ertasten.

Das Thema Achtsamkeit spielt bei der Tafel ebenfalls eine Rolle. Denn die opulenten Seitentürme des Ahrtors en miniature zu ertasten ist nun mal eine andere Erfahrung, als schlicht davorzustehen und sie zu betrachten. Außerdem illustriert das Relief weitere Kulturgüter wie die Ahrweiler Stadtmauer. Erklärende Texte sind auch in Blindenschrift vorhanden, und auf der Homepage des Heimatvereins gibt es eine Art Anleitung, wie sich der Besucher am sinnvollsten durch das Städtchen tastet. Es wird empfohlen, mit dem Obertor zu starten, aber selbstverständlich ist es jedem selbst überlassen, seine individuelle Tast-Tour zu unternehmen.

Adresse Marktplatz, 53474 Ahrweiler | **ÖPNV** Ahrtalbahn, Haltestelle Ahrweiler Markt, von dort wenige Meter zu Fuß | **Anfahrt** von der Autobahn kommend der L 84 folgen bis zum Niedertor, dort (oder am Ahrtor) gibt es Parkplätze, dann zu Fuß durch die Fußgängerzone zum Marktplatz | **Tipp** Hinter der Kirche St. Laurentius steht das Pfarramt. Die Kirschblüte in dessen Garten ist im Frühjahr eine echte Augenweide.

7 Das Chorbild von St. Laurentius

Ohne Schützen keine Prozession

Fronleichnamsprozessionen sind im Gebiet der heutigen Bundesrepublik ab etwa 1330 urkundlich nachweisbar. Mit der Einführung dieser Prozessionen hing nicht selten die Gründung einer Schützengesellschaft zusammen. Den Schützen kam dabei nicht nur eine Begleitfunktion zu, in kriegerischen Zeiten mussten sie auch die Teilnehmer vor Angriffen beschützen. Die Durchführung einer Fronleichnamsprozession außerhalb der Kirche hing davon ab, ob sich eine Pfarrei die Anschaffung einer kostspieligen Monstranz leisten konnte.

Im Besitz der über 750 Jahre alten Ahrweiler Pfarrkirche St. Laurentius befindet sich eine hochgotische Monstranz, die um die Mitte, spätestens in der zweiten Hälfte des 14. Jahrhunderts entstand und eine der ältesten Monstranzen Deutschlands ist. Daher ist davon auszugehen, dass in Ahrweiler die Schützen schon von alters her die Fronleichnamsprozession begleiten. Dafür spricht auch die Tatsache, dass die St.-Sebastianus-Bürgerschützen-Gesellschaft bereits 1403 gegründet wurde.

Diese uralte Tradition wird bis heute gepflegt, und die Schützen in ihren grünen Uniformen verleihen der Prozession ein noch festlicheres Erscheinungsbild. Selbst von den Änderungen der auch Ahrweiler betreffenden Pfarreien-Reform durch das Bistum Trier soll die Prozession unberührt bleiben. Kein Wunder, dass der Maler und Restaurator Professor Bardenheuer die Ahrweiler Fronleichnamsprozession 1918 an der Nordseite der Kirche St. Laurentius vor dem Tabernakel im Chorraum verewigte. Das Bild zeigt die mittelalterliche Prozession, flankiert von den Ahrweiler Bürgerschützen. In ihm verewigte Bardenheuer rund 20 bekannte Persönlichkeiten aus dem öffentlichen Leben der Stadt Ahrweiler. So befindet sich unter ihnen ein Porträt des berühmten Nervenarztes, Klinikgründers und Ehrenbürgers Dr. Carl von Ehrenwall.

Adresse Marktplatz 13, 53474 Ahrweiler | **ÖPNV** Ahrtalbahn, Bahnhof Ahrweiler Markt, von dort circa acht Minuten zu Fuß | **Anfahrt** von der Bossardstraße in die Adenbachhutstraße, die zum Marktplatz führt | **Tipp** Mit etwas Glück findet während des Besuchs von St. Laurentius direkt nebenan im Helmut-Gies-Bürgerzentrum oder in der Zehntscheuer eine der vielen Veranstaltungen statt – beispielsweise an Karneval oder beim Pfarrfest.

8_ Die Eisenschmelze

Glühendes Metall für die römische Legion

Erhitztes Metall, das zuvor als Erzgestein dem schroffen Fels abgerungen wurde, fließt in eine Gussform, um schließlich eine Waffe für einen Legionär des Römischen Reiches zu werden. So sah die alltägliche Arbeit in der antiken Schmiede aus, die sich dort befand, wo heute eine Landesstraße die Orte Ahrweiler und Ramersbach verbindet. Als Forscher der Universität Bonn die Eisenschmelze »An den Maaren« in den 1950er und 1960er Jahren freilegten, fiel eine Besonderheit schnell auf: Das war nicht die Wirkungsstätte einfacher Handwerker. Rund um die Schmelzen und Öfen war eine ganze Siedlung errichtet worden, die von einem hohen Lebensstandard zeugt. Neben Überresten einer Fußbodenheizung fand man Gläser, Kinderspielzeug und auch Sklavenketten, was darauf hindeutet, dass hier gut situierte römische Bürger mit ihren Familien und Bediensteten lebten.

Das Areal ist riesig, und die Archäologen konnten bislang nur rund 20 Prozent der Gesamtanlage freilegen. Die schiere Größe macht jedoch nicht die eigentliche Bedeutung aus. »An den Maaren« ist die nördlichste bisher gefundene und von den Römern bewirtschaftete Eisenverhüttungsanlage.

Und trotz der exponierten Lage im Gebiet der germanischen Stämme war die Siedlung lange vital. Es wird angenommen, dass die Eisenschmelze rund 300 Jahre, vom 1. bis zum 4. Jahrhundert, in Betrieb war. Das Erz wurde nicht vollends ausbeutet. Auch heute findet man noch Spuren in Form von »rostigen Steinen« in der Nähe der Anlage. 2001 wurde die Schmelze der Öffentlichkeit zugänglich gemacht und stellt nicht nur einen interessanten Ort in Sachen Historie dar. Ein ebenfalls dort gelegener Teich ist ein sehenswertes Biotop, das von seltenen Insekten und Amphibien bevölkert wird.

Auch wer Ruhe sucht, ist hier richtig. Umringt vom Ahrweiler Wald, bietet die ehemalige Eisenschmelze ein einzigartiges Erlebnis der Stille und Entschleunigung.

Adresse westlich der L 8, die von Ahrweiler nach Ramersbach führt, gegenüber der »Ahrweiler Schuttkaul« | **Tipp** Noch vor dem Erreichen der »Eisenschmelze« liegt an der Ramersbacher Straße 95 die bundesweit einzigartige »Akademie für Krisenmanagement, Notfallplanung und Zivilschutz«, die auch regelmäßig Kunst- und Kulturevents für die Öffentlichkeit anbietet.

9_ Die Gleislose Elektrische
Komfortabel unterwegs für 35 Pfennig

Was muss das nur für ein Gefühl gewesen sein: Neben dem ohnehin mondänen Lifestyle, der im Kurbad Bad Neuenahr um die Jahrhundertwende geherrscht hat, wurde den betuchten Badegästen auch die Möglichkeit des überaus komfortablen Transports innerhalb der Stadt geboten. Und das dank der sogenannten »Gleislosen Elektrischen Bahn«. Dabei handelte es sich jedoch nicht um eine Straßenbahn, sondern um mittels elektrischer Oberleitung angetriebene Omnibusse. Für die Konstruktion der Omnibusbahn holte man den Sachsen Max Schiemann an die Ahr. Die Jungfernfahrt fand schließlich am 26. Mai 1906 statt. Gemäß dem kurstädtischen Lebensstil war die »Gleislose Elektrische«, wie sie schon damals schlicht genannt wurde, keine »Holzklasse«. In einem absolut pompösen Waggon wurden die Damen und Herren von Welt vom historischen Neuenahrer Stadtteil Wadenheim bis Walporzheim im Westen der Stadt kutschiert. Mitfahren konnte jeder, der es sich leisten konnte: 15 bis 35 Pfennig nahm der Chauffeur pro Fahrgast und je nach Streckenlänge entgegen. Das entspricht grob einem heutigen Preis von 2,50 Euro.

Die Bahn tuckerte mit gemächlichen 22 Kilometern pro Stunde über eine 5,5 Kilometer lange Strecke und bezog ihre Energie von Kupferleitungen, die unter lebensgefährlichen 550 Volt standen. Sie war ein großer Erfolg: Bis zu 130.000 Fahrgäste wurden in manchen Jahren gezählt. Doch schließlich kam der Erste Weltkrieg. Die Chauffeure wurden eingezogen und das Kupfer der Oberleitungen – das waren fast sechs Tonnen – als kriegswichtiges Material eingeschmolzen. 1917 fuhr die »Gleislose Elektrische« das letzte Mal durch die Straßen der Stadt.

Viel erinnert nicht mehr an diese Episode der Ahrstadt. Doch wer genau hinschaut, der entdeckt noch die metallenen, massiven Ringe, an denen die Kupferleitungen aufgehängt waren. Insbesondere in der Oberhutstraße findet man diese Aufhänger noch.

Adresse Oberhutstraße, 53474 Ahrweiler | **ÖPNV** Ahrtalbahn, Haltestelle Ahrweiler Markt | **Anfahrt** vom Ahrtor (L 84) kommend, zunächst der Bossard- und dann der Alveradisstraße folgen bis zum Obertorparkplatz, dort parken | **Tipp** Die Oberhutstraße ist eine eher ruhige Einkaufsstraße in Ahrweiler mit urigen Weinstuben und erstklassigen Handwerksbetrieben.

10 Das Haus der Schützen

Vom Vorderlader bis zur Schützenkrippe

Seit Jahrhunderten ist das Schützenwesen fest mit Ahrweiler verbunden. Ob Aloisiusjugend, Junggesellen- oder Bürgerschützen – praktisch alle (männlichen) Altersklassen sind in einer der Schützengesellschaften aktiv. Beim alljährlichen Schützenfest dominieren die Grünröcke das Stadtbild. Doch das weitverzweigte Ahrweiler Schützenbrauchtum bringt auch manche Kuriosität hervor. Da sind der historische, in der Nacht vom Dreifaltigkeitssonntag stattfindende Trinkzug durch die Stadt oder die eigenen, von der St.-Sebastianus-Bürgerschützen-Gesellschaft betriebenen Weinberge, aus deren Trauben der begehrte »Schützenwein« – ein trockener Spätburgunder – gekeltert wird. Sowohl der historische Trinkzug als auch die Eigenproduktion von Wein sind weltweit einmalig für eine Schützengesellschaft.

Da jedoch aller guten Dinge drei sind, gibt es inmitten der Altstadt das »Haus der Schützen«. Dessen unumstrittene Besonderheit ist das ebenfalls ziemlich einzigartige Schützenmuseum. Und dieses ist keineswegs nur für schützenaffine Zeitgenossen eine Fundgrube. Alte Uniformen, die mit ihrem schweren Filzstoff schon beim Betrachten die Schweißproduktion anregen, uralte Waffen – vom wuchtigen Vorderlader bis zur überdimensionalen Flinte –, filigrane Schützenpokale und Königsschilder sorgen vor allem bei jenen Besuchern für ungläubiges Staunen, die sich zuvor wenig bis gar nicht mit dem Schützenwesen beschäftigt haben. Eine Bildergalerie, ein Filmarchiv und das ominöse »Seelenbuch« von 1655, in das sich jeder neue Bürgerschütze eintragen muss, runden die Schau ab.

Nicht unerwähnt bleiben darf die einst von Schülerinnen des Calvarienbergs hergestellte Schützenkrippe. Eine Weihnachtskrippe, die das Ahrweiler Schützenleben in Miniaturform darstellt. Das passt, denn die Verbindung zwischen Schützen und den bis 2017 auf dem Calvarienberg residierenden Ursulinen war stets besonders eng.

Adresse Auf der Rausch 4a, 53474 Ahrweiler | **ÖPNV** Ahrtalbahn, Haltestelle Ahrweiler Markt, von dort zehn Minuten zu Fuß | **Anfahrt** von der Altenbaustraße auf die Oberhutstraße, von dort circa 250 Meter zu Fuß, Parkplätze im Parkhaus Altenaustraße | **Öffnungszeiten** nach Terminvereinbarung, Kontaktdaten und Infos zu Sonderausstellungen auf www.haus-der-schuetzen.de | **Tipp** Direkt neben dem »Haus der Schützen« befindet sich mit der Blankartsmühle eine noch erhaltene der ehemals zwölf historischen Ahrweiler Mühlen.

11 Der Kreuzweg

Ein Unikat im religiösen Brauchtum Ahrweilers

Jedes Jahr zur Fastenzeit finden in den Bistümern sogenannte Kreuz-wegandachten statt. Meistens am Karfreitag schreiten die Vertreter der Kirche und Gemeindemitglieder die Stationen ab, die dem Weg Jesu bis zur Kreuzigung nachempfunden sind. Kreuzwege gibt es in vielen Orten, der in Ahrweiler ist jedoch etwas ganz Besonderes. Während oftmals der Leidensweg beginnend beim Hofe des Pontius Pilatus bis zur Grablegung auf dem Berg Golgatha in Reliefs dar-gestellt wird, gibt es in der mittelalterlichen Stadt ganze Bildstöcke mit langer Historie.

Am 18. Mai 1732 erfolgte die Grundsteinlegung des Kreuzwegs, der traditionell über 14 Stationen führt. Damals wurde die erste Station, am Ahrtor gelegen, unter großer Anteilnahme der Bürger-schaft offiziell eingeweiht. Die restlichen 13 Stationen, allesamt im gotischen Baustil gehalten, säumen den Weg bis zum Kloster Cal-varienberg.

Ahrweiler war bereits zu diesen Zeiten eine wohlhabende Stadt. Es waren die Bürger, der Rat und die Zünfte, die die Errichtung des Kreuzwegs mitsamt Bildstöcken dank ihrer finanziellen Unterstüt-zung überhaupt erst möglich machten. Im Verlauf der Jahrhunderte zogen jedoch manche der Bildstöcke innerhalb des Stadtgebiets um. So unter anderem die erste Station, die sich heute an der Ecke Brückenstraße / Kalvarienbergstraße befindet. Auch die Auswir-kungen des Zweiten Weltkriegs gingen nicht spurlos an den Bild-stöcken vorbei.

Und der Zahn der Zeit nagte ebenso an ihnen. Als im Jahr 2000 der Punkt der Renovierungsbedürftigkeit bereits weit überschritten war, fasste der örtliche Heimatverein den Plan, die Stationen auf eigene Kosten wiederherzurichten. Neben den bekannten Wander-routen des Ahrtals bietet sich der Kreuzweg für einen Spaziergang an, der auch für Nichtgläubige durchaus interessant ist und einen Einblick in das religiöse Leben der Stadt gewährt.

Adresse erste Kreuzwegstation: Ecke Brückenstraße / Kalvarienbergstraße, 53474 Ahrweiler | **ÖPNV** Ahrtalbahn, Haltestelle Ahrweiler Markt | **Anfahrt** von der A 573 folgt man der Wilhelmstraße, die etwa in Höhe des Ahrtors in die Friedrichstraße übergeht, dann links in Brückenstraße abbiegen | **Tipp** Nicht weit entfernt vom Beginn des Kreuzwegs, direkt am Ahrufer nahe der Brückenstraße, befindet sich ein großer Abenteuerspielplatz.

Die h. Veronika
trocknet das
Angesicht JESU ab.

12___Die Maibachklamm

Ein Spaziergang durch eine Welt voller zauberhafter Winkel

Der Maibach im Südwesten Ahrweilers heißt eigentlich gar nicht Maibach, sondern Wingstbach. Aber egal: Das kleine Fließgewässer bewies im Laufe der Jahrtausende Kraft und Ausdauer und schliff eine Schlucht, eine Klamm, in den schroffen Fels, die man auf den Namen Maibachklamm getauft hat. Der Bach fließt auch heute als wilde Lebensader in Richtung Ahr und wird von einem schmalen Pfad gesäumt. Ein gutes Dutzend kleiner Holzbrücken quert den quirligen Bach. Die Klamm unterhalb des Klosters Calvarienberg führt vom Kreuzweg direkt zum Wanderparkplatz und Schützenplatz, der sogenannten Quarzkaul, und bietet Einblicke in eine nahezu unberührte Natur. Kaum mehr als einen Fuß ist der schmale Wanderweg breit, der durch einen Wald führt.

In vielen Erzählungen stößt man immer wieder auf die Klamm. Auch in neueren Geschichten. Diese nehmen weniger Bezug auf das Naturerlebnis, sondern auf die Klamm als Schauplatz romantischer Liebeleien. Denn das nahe gelegene Kloster mit angeschlossenem Gymnasium war bis in die 2000er Jahre ein reines und noch dazu erzkatholisches Mädcheninternat. Die Maibachklamm mit ihren vielen Windungen und Winkeln bot den Schülerinnen ein willkommenes Refugium für manch unschuldiges Tête-à-Tête.

Dass die Maibachklamm heute in dieser Form existiert, ist dem Ahrweiler Gastwirt Matthias Mies zu verdanken. Damals, in den 1920er Jahren, streifte Mies nach einem langen Tag hinter dem Tresen seines Gasthauses »Vier Winde« in der Oberhutstraße gerne durch die Natur. So wurde er auf die – damals zugewucherte – Klamm aufmerksam. In Zeiten des aufkeimenden Tourismus in Ahrweiler erkannte er eine Vermarktungschance der Schlucht. Und Mies war nicht nur Gastronom, sondern auch Erster Beigeordneter der Stadt. Im Jahr 1929 setzte der emsige Mann seine Pläne um und zeichnete für den Bau der vielen kleinen Brücken verantwortlich.

Adresse Im Maibachtal, 53474 Ahrweiler | **Anfahrt** von der Blandine-Merten-Straße in Ahrweiler aus kommend, befindet sich die Maibachklamm westlich des Calvarienbergs; nach einigen Metern geht die Straße über in »Im Maibachtal« | **Tipp** Gleich am Maibachtal liegt das imposante Kloster Calvarienberg. Gegenüber dem Tal – am anderen Ufer der Ahr – schlängelt sich ein moderner Radwanderweg durch Schrebergärten und Weinfelder.

13 Der Mühlenteich

Der kuriose Verlauf des »fleißigen Bachs«

Ein Bach entspringt einer Quelle und mündet meist irgendwann in einen Fluss. So kennt man es, doch beim Ahrweiler Mühlenteich verhält es sich anders. Er ist schon ein Bach, ganz sicher. Aber er entspringt der Ahr und mündet auch wieder in diese. Somit ist er eher ein kleiner Bruder des großen Flusses. Als beschauliches und naturnahes Gewässer müsste sich der Mühlenteich nicht verstecken – er macht es aber trotzdem. Denn einige Abschnitte des 4,5 Kilometer langen Bachs befinden sich kanalisiert unter der Ahrweiler Altstadt.

Seinen Ursprung hat der Mühlenteich an der Ahr in Walporzheim. Von dort schlängelt er sich vorbei an der »Dr. von Ehrenwall'schen Klinik« und der »Schicks Mühle«. Danach verschwindet er ein erstes Mal unter dem Obertor, um sich wenige Meter später, am Rodderhof, einem geschichtsträchtigen Gebäude, in dem heute ein Hotel untergebracht ist, wieder zu zeigen. Schließlich fließt der Bach in Richtung Osten, macht einen Knick, um unterirdisch in Richtung Marktplatz zu verlaufen. Dann geht es weiter im Erdreich die Niederhutstraße entlang. In der Altstadt zeigt er sich noch einmal. Danach folgen weitere Meter in Richtung Bad Neuenahr. Dort vereint sich der kleine Bruder Mühlenteich wieder mit der »großen« Ahr.

Folgt man dem Verlauf des Mühlenteichs in Ahrweiler, ist das zugleich eine Sightseeingtour durch das Städtchen. Erstmals Mitte des 11. Jahrhunderts erwähnt, ist er sogar älter als die Stadtmauer. Genannt wurde der Mühlenteich auch »fleißiger Bach«, weil er früher insgesamt sieben Mühlräder im Stadtgebiet antrieb.

Heute ist der Mühlenteich ein idyllisches Gewässer, in dem viele Fischarten heimisch sind. Gelegentlich werden sogar Regenbogenforellen gesichtet.

Auch soll der Mühlenteich Wünsche erfüllen. Um dem Glück auf die Sprünge zu helfen, werfen Passanten gerne Kleingeld in den Bach, und das in manchen Bereichen geradezu massenweise.

Adresse der Mühlenteich entspringt der Ahr nahe der Herrestorffstraße, 53474 Ahrweiler | **ÖPNV** Ahrtalbahn, Haltestelle Walporzheimer Bahnhof | **Anfahrt** von der B 267 aus Richtung Ahrweiler kommend, in die Walporzheimer Straße biegen und dann über die Josefstraße in die Herrestorffstraße | **Tipp** Gegenüber dem »Haus der Schützen« steht noch heute ein historisches Mühlrad im Mühlenteich.

14 Der Patenschaftsweinberg

Traubenlese an der eigenen Rebe

Dass der Ahrwein zahlreiche Fans aus nah und fern hat, ist alles andere als ein Geheimnis. Dabei geht die Liebe zu Spätburgunder und Co bei vielen über das bloße Weintrinken hinaus. Ob Weinbergwanderung, Winzerfestbesuch oder Weinkellerbesichtigung – es gibt etliche Möglichkeiten, die Beziehung zum Ahrwein ganzheitlich zu vertiefen. Manche Winzer ermöglichen weinaffinen Menschen sogar die Mitarbeit bei der Traubenlese.

Aber was ist das alles schon gegen einen eigenen Weinberg oder zumindest einen eigenen Rebstock? Das dachte sich auch die »Dagernova Weinmanufaktur«, als sie 2012 mit der Anlage von »Patenschaftsweinbergen« in Bad Neuenahr (Sonnenberg), Marienthal (Rosenberg) und unweit des Hotels »Hohenzollern« hoch über Ahrweiler und Walporzheim begann. Das traf offenbar genau den Nerv der Weinfreunde, denn die verfügbaren Rebstöcke haben sich im Laufe der Zeit zu echten Verkaufsschlagern entwickelt. Die Bedenken mancher Winzer (»Wer gibt denn Geld dafür aus, Trauben lesen zu dürfen?«) erwiesen sich als absolut unbegründet. Schmucke Schiefertafeln zeigen im Wingert die Namen der Rebstockpaten an, die im Jahresverlauf vom Winzer über alles, was so am Weinberg und um die Rebe(n) passiert, auf dem Laufenden gehalten werden. Zur Lese darf der Weinstock vom Paten selbst abgeerntet werden, anschließend gibt es im Weinberg einen rustikalen Imbiss mit Blick auf das Ahrtal und später zwei Flaschen Wein aus dem Patenschaftsweinberg. Auch eine Urkunde samt Anfahrtsskizze und Rebstocklageplan ist im für 75 Euro erhältlichen Gesamtpaket (danach 55 Euro pro Jahr) enthalten. Die Weinstockpatenschaften sind ein beliebtes Geschenk, die Käufer kommen überwiegend aus Rheinland-Pfalz und dem nahen Nordrhein-Westfalen, aber beispielsweise auch aus den Niederlanden, der Schweiz und England. Dem Vernehmen nach sollen sich sogar einige bekannte Promis einen Ahr-Weinstock gesichert haben.

Adresse Am Silberberg, 53474 Ahrweiler | **ÖPNV** Ahrtalbahn, Bahnhof Ahrweiler Markt, von dort circa eine Stunde zu Fuß | **Anfahrt** von der B 267 auf Am Silberberg abbiegen, der Straße folgen, vorbei am Hotel »Hohenzollern«, von dort knapp 200 Meter zu Fuß | **Tipp** Ebenfalls am Silberberg (Am Silberberg 1), jedoch im Tal, befindet sich das Museum Römervilla mit der größten römischen Villa nördlich der Alpen.

15 Das römische Bad

Badefreuden unter der B 267

Dass die Römer im Ahrtal reichlich Spuren hinterlassen haben, ist kein Geheimnis. Mit dem Museum Römervilla findet sich in Bad Neuenahr-Ahrweiler gar die größte bislang bekannte römische Villa nördlich der Alpen. Sozusagen eingepfercht zwischen Kreisverwaltung, Bundesstraße 267 und einem asphaltierten Weinbergweg rechnet man indes nicht mit Hinterlassenschaften der Römer, weshalb das »römische Bad« auch ein fast unbekanntes Dasein fristet. Zu Unrecht, denn dort, wo täglich Tausende Autos in Richtung Mittelahr oder Rhein unterwegs sind, bietet die Unterwelt einen kleinen, aber feinen Ausflug in die Antike.

Das einst zu einer für damalige Verhältnisse stattlichen Villa Rustica im Bereich der heutigen Kreisverwaltung gehörende Bad mit seinen noch erhaltenen Mauerresten wurde 1912 bei Bahnbauarbeiten entdeckt und ist nur über einen rund 40-stufigen Abstieg zu erreichen. Hier können nicht nur die antike Badekultur, sondern auch etliche römische Exponate, Modelle des römischen Lebens im Ahrtal und der originalgetreue Nachbau eines zeitgenössischen Geschützes besichtigt werden – letzterer übrigens voll funktionsfähig. Illustrierte Infotafeln berichten von der Geschichte der Villa Rustica unter dem Landratsamt.

Dass das Bad aus seinem jahrzehntelangen Dornröschenschlaf erweckt wurde, ist in erster Linie Bernd Walther und Michael Schneider zu verdanken, die in unzähligen ehrenamtlichen Arbeitsstunden die frühere Ausgrabungsstätte in ein informatives Museum an ungewöhnlichem Ort verwandelten und in der Regel hier auch während der Öffnungszeiten als kompetente Ansprechpartner anzutreffen sind. Seit 2014 ist das römische Bad bei freiem Eintritt für die Öffentlichkeit zugänglich, und wer für einen Moment die Gedanken rund 2.000 Jahre zurückschweifen lässt, für den hört sich der brausende Verkehr der B 267 an wie das Wasser der badefreudigen Römer.

Adresse Am Weiherberg, 53474 Ahrweiler | **ÖPNV** Ahrtalbahn, Bahnhof Ahrweiler, von dort rund 250 Meter Luftlinie | **Anfahrt** von der Wilhelmstraße auf die Elligstraße und von dort auf Am Weiherberg, Parkplätze am Anfang der Straße, von dort circa 300 Meter zu Fuß; Achtung: nicht direkt über die B 267 zu erreichen! | **Tipp** Wer gegenüber dem Eingang zum römischen Bad die lange, steile Treppe durch die Weinberge bezwingt, landet oben am Weg nach Lantershofen, wo sich ein beeindruckender Blick über das Ahrtal bietet.

16 Die Ruhestätte des Sanitätsrats

Ein prunkvolles Grab für einen lokalen Star

Neurologe, Politiker, Wirtschaftsförderer: Carl von Ehrenwall wirkte in vielen Bereichen in Ahrweiler und prägte die Stadt. Nicht umsonst wurde von Ehrenwall schon zu Lebzeiten im Jahr 1927 zum Ehrenbürger ernannt. Überregional bekannt ist die »Dr. von Ehrenwall'sche Klinik«, die der Mediziner als »Private Heil- und Pflegeanstalt für Nerven- und Gemütskranke« im Jahr 1877 gründete. Carl von Ehrenwall, der in Breslau und Würzburg studierte, galt in Medizinerkreisen als echte Instanz. Und die Heilanstalt als der »Place to be« in den entsprechenden Kreisen, die dort Kuraufenthalte absolvierten. Heute ist die »Ehrenwall'sche« eine Fachklinik für Psychiatrie, Psychotherapie, Psychosomatik und Neurologie von höchster Reputation.

Doch der am 9. September 1855 in Ahrweiler geborene Nervenarzt war viel mehr als ein brillanter Mediziner. Von Ehrenwall war jahrelang Beigeordneter der Stadt. In dieser Funktion lagen ihm Handel und Wirtschaft am Herzen. Während seiner kommunalpolitischen Tätigkeit wurden ein städtisches Gaswerk gebaut, eine Eisenbahnlinie verlegt und die Bürger mit Strom versorgt. Und die Gäste der Heilanstalt sorgten für wirtschaftlichen Aufschwung bei den Händlern vor Ort. Carl von Ehrenwall galt als echter lokaler Star. Dieses Engagement würdigte man in der Stadt. Man widmete ihm zum 75. Geburtstag die Straße, die hinter dem heutigen Klinikgelände entlangführt, und benannte sie in Carl-von-Ehrenwall-Allee um. Von Ehrenwall fühlte sich zudem dem Brauchtum verbunden und war Schützenkönig der stolzen St.-Sebastianus-Bürgerschützengesellschaft, hatte aber als Mitglied des Kaiserlichen Automobilclubs auch einen Sinn für neue Technik. Auf dem Alten Friedhof »Am Ahrtor« hat Carl von Ehrenwall in einem prachtvollen Familiengrab seine letzte Ruhe gefunden. Auf weißem Marmor prangt dort in goldenen Lettern der Name der berühmten Ahrweiler Familie.

AT DR · KARL VON E

Adresse Alter Friedhof »Am Ahrtor«, Schützenstraße, 53474 Ahrweiler | **ÖPNV** Ahrtalbahn, Haltestelle Ahrweiler Markt, von dort circa 15 Minuten zu Fuß | **Anfahrt** aus Bad Neuenahr kommend über die L 84 (Wilhelmstraße) bis zum Ahrtor | **Tipp** In der Straße Schützbahn ist am Haus Nummer 54 eine Erinnerungsplakette zu Ehren Carl von Ehrenwalls angebracht.

Hier ruht in Gott
unser lieber Vater
Geh. Sanitätsrat
Dr. Carl von Ehrenwall
Ehrenbürger
der Stadt Ahrweiler
geb. 9. Sept. 1855.
gest. 16. Juni 1935.
R. I. P.

17 Die Schicks Mühle

Von der Kornmühle zum Parkareal

Kein Mühlstein schrotet das Korn, kein Mühlrad dreht sich mehr: Es ist nur noch wenig von »Schicks Mühle« vor dem Obertor vorhanden. Heute erinnert ein Mühlrad an die lange und bewegte Geschichte eines langlebigen Müllerbetriebes.

Vor nahezu 550 Jahren war die Mühle im Besitz der Grafen von Arenberg. Damals war sie eine von vielen, in denen das Ahrweiler Getreide zu Mehl gemahlen wurde. Angetrieben durch die Wasserkraft des Mühlenteichs, eines kleinen Bachs, der heute in weiten Teilen kanalisiert unter der Ahrweiler Altstadt fließt, bildeten die Mühlen im Bereich westlich des Obertors ein Zentrum des Müllerhandwerks.

Die Grafen besaßen ein weitläufiges Gelände mit vielen verschiedenen Gebäuden. Neben der Mühle gab es eine Wasserburg, die dort stand, wo heute der Ahrweiler Winzerverein seinen Sitz hat. Zur Burg gehörte der Kautenturm, der im Jahr 1811 abgerissen wurde. 1860 ging die Mühle von den Grafen in den Besitz der Müllerfamilie Schick über. Daher rührt auch der Name »Schicks Mühle«. 67 Jahre betrieb die Familie die Kornmühle, bis das Gebäude schließlich 1927 bei einem großen Brand zerstört wurde. Neben der Mühle gab es hier die Gaststätte »Ahrweiler Winzerhof Sankt Matthias« und das »Hotel Zur alten Mühle«.

Heute steht von der Bebauung nur noch wenig, mit einem guten Auge lassen sich aber die alten Außenmauern und Fassaden erkennen. Und das Mühlrad ist noch da: Seit 1996 dreht es sich wieder in der Straße »Am Mühlenteich« Das Areal ist Teil einer Parkanlage der »Dr. von Ehrenwall'schen Klinik«, einer großen Fachklinik für Psychiatrie und Psychotherapie. Die lange Geschichte des Ortes ist jedoch nicht vergessen: Die tagesklinische Einrichtung der »Ehrenwall'schen« trägt den Namen »Haus Mühle«.

Somit wurde dem bedeutenden und jahrhundertealten Müllerhandwerk in Ahrweiler ein Denkmal der etwas anderen Art gesetzt.

Adresse Walporzheimer Straße, 53474 Ahrweiler | **ÖPNV** Ahrtalbahn, Haltestelle Ahrweiler Markt, von dort etwa 150 Meter zu Fuß | **Anfahrt** von der L 83 kommend der Wilhelmstraße folgen, im Kreisel vor dem Ahrtor die erste Ausfahrt auf die Bossardstraße nehmen, die zuerst in die Alveradisstraße und dann die Walporzheimer Straße übergeht | **Tipp** Einige Meter weiter befindet sich der Ahrweiler Winzer-Verein. Gerade zur Lesezeit im September und Oktober wird dort ein sehenswertes Spektakel geboten, wenn die Winzer ihre Trauben zur Öchsle-Bestimmung abliefern. Hier kann man auch an Weinproben teilnehmen (www.ahrweiler-winzerverein.de).

18 Das schiefste Haus von Ahrweiler

Schräge Mauern dank der Obrigkeit

Die Geschichte Ahrweilers ist uralt. Erstmals urkundlich erwähnt wird das Örtchen im Jahr 893 im »Prümer Urbar«, dem Güterverzeichnis der Abtei der Benediktiner in Prüm in der Eifel. Eines vorab: Von den darin aufgeführten Gebäuden steht kein einziges mehr. Aber auch die Häuser, die danach entstanden, passen mit ihrem rustikalen Charme wunderbar ins Ortsbild. Dasselbe gilt für die Gebäude in der Nähe des Ahrtors, die den Luftangriffen während des Zweiten Weltkriegs zum Opfer fielen und in den Jahren danach wiederaufgebaut wurden. Die rekonstruierten Häuser waren ebenso schief wie ihre Vorgänger und hatten teilweise noch in den 1990er Jahren Sickergruben, bis sie durch eine moderne Sanitärausstattung ersetzt wurden.

Vom Krieg, aber auch vom Gebrauch der Wasserwaage verschont blieb das Fachwerkhaus Nummer 24 in der Plätzerstraße. Das mutmaßlich schiefste Gebäude in Ahrweiler wirkt nach hinten gekippt, und die Mauern stehen mehr im 75-Grad- als im rechten Winkel. Kurzum: ein echtes Kuriosum. Früher war es Teil einer Hofanlage, die irgendwann vor dem Jahr 1775 erbaut wurde, bestehend aus einem Wohnhaus und einem Wirtschaftsgebäude. Der Bauherr war seinerzeit ein gewisser Caspar Koch. Dass das Häuschen schief ist, kann man ihm jedoch nicht krummnehmen. Schuld war die Politik. Denn im 18. Jahrhundert oblag die Zuteilung von Baumaterial – frisch geschlagenem Holz – an die Bürger dem Rat des Ortes. Wurde das Holz, ganz gleich, wie es gewachsen war, nicht innerhalb eines Kalenderjahres verbaut, ging es zurück in den Besitz der Stadt. Sozusagen nach dem Motto: »Friss oder stirb.« Caspar Koch blieb offensichtlich keine andere Wahl, als das erhaltene Holz zu verbauen. Solide war das Koch'sche Haus trotzdem, schließlich steht es auch heute noch in seiner ganzen schiefen Pracht in der Plätzerstraße und wird nach wie vor bewohnt.

Adresse Plätzerstraße 24, 53474 Ahrweiler | **ÖPNV** Ahrtalbahn, Haltestelle Ahrweiler Markt | **Anfahrt** auf der L 84 bis zum Ahrtor, dort links der Friedrichstraße folgen bis zum »Durchbruch«, einem Zugang zur Altstadt (dort sind Parkplätze vorhanden), der direkt auf die Plätzerstraße führt | **Tipp** Nicht nur innerhalb der Stadtmauer bietet Ahrweiler sehenswerte Flecken. Man kann auch außerhalb der Stadtmauer einmal um die Altstadt herumgehen. Der Wallgraben punktet mit üppiger Blumenpracht und feierlicher Beleuchtung.

19_ Das Sgraffito
Bildende Kunst im öffentlichen Raum

Hanns Matschulla konnte aus jedem Material Kunst erschaffen. Der Bildhauer, der 1901 in Oberschlesien geboren wurde und Ahrweiler zu seiner Wahlheimat erkor, war jedoch ein wahrer Meister, wenn es um die Materialien Holz und Stein ging. Während die meisten seiner Werke im öffentlichen Raum stehen, gibt es auch zahlreiche Gebrauchsgegenstände wie Kisten, Truhen und Fässer, die sich im Privatbesitz von Ahrweiler Bürgern befinden.

Bereits 1927 zog es den jungen Künstler an die Ahr, der er stets treu blieb. Viele Jahre lang wirkte er in seinem Atelier in der Eifelstraße und kämpfte sich durch das unstete Künstlerdasein. Heute sind seine Werke Zeugnisse seines unbändigen Schaffensdrangs und großer Kreativität. Am bekanntesten sind das Kriegsopfer-Denkmal vor dem Ahrtor und die Figur der heiligen Barbara an der Innenseite dieses Stadttores. Matschulla schuf auch mehrere Grabsteine und -kreuze, die Familien bei ihm in Auftrag gaben. Der Wahl-Ahrweiler war zudem ein begabter Maler, wie die Christusdarstellung in der Kapelle in Bölingen anschaulich bezeugt. Außerdem gehörte er zu den Mitbegründern der »Are-Künstlergilde«. Die Vereinigung ist nach wie vor eine gute Adresse für erstklassige Kunst – nicht zuletzt durch ihre regelmäßig veranstalteten Ausstellungen und Events.

Eines der markantesten Werke Matschullas ist ein Sgraffito an der Außenfassade der Aloisius-Grundschule. Die liebenswerte und moderne Darstellung wurde das Wahrzeichen der Schule, verschwand aber beim Umzug in die Blankartstraße an einer eher versteckten Stelle der Eingangshalle.

Der »Heimatverein Alt-Ahrweiler« veranlasste daraufhin, dass das Matschulla-Werk im Zuge einer Sanierung des Gebäudes im Jahr 2011 wieder an die Fassade kam. So wurde dem umtriebigen Künstler, der 1971 starb, ein spätes, aber liebevolles Denkmal mit einem eigenen Werk gesetzt.

Adresse Blankartstraße 13, 53474 Ahrweiler | **ÖPNV** Ahrtalbahn, Haltestelle Ahrweiler Markt | **Anfahrt** über die L 84 der Wilhelmstraße folgen, beim Kreisel am Niedertor die zweite Ausfahrt nehmen, dann links in die Joerresstraße, anschließend rechts in die Römerstraße und wieder links in die Blankartstraße abbiegen | **Tipp** Die Straße ist nach den Herren von Blankart benannt. Der Blankartshof, einstiger Sitz des Adelsgeschlechts, befindet sich im historischen Stadtkern in der Ahrhutstraße. Dort sind die Tourist-Information und das Stadtarchiv untergebracht.

20_ Der Silberbergtunnel

Von der Notzuflucht zum Freilichtmuseum

Dass die hoch über Ahrweiler gelegene Gedenkstätte Silberberg-tunnel selbst manchem Einheimischen unbekannt ist, mag sicherlich auch daran liegen, dass dieser Ort gleich zwei Publikumsmagnete des Ahrtals, das Museum Römervilla und die »Dokumentationsstätte Regierungsbunker«, in direkter Nachbarschaft hat. Dabei ist die im Juli 2004 vom »Heimatverein Alt-Ahrweiler« eröffnete und als Frei-lichtmuseum gestaltete Gedenkstätte nicht nur wegen ihrer histori-schen Bedeutung interessant, sondern auch wegen ihrer malerischen Umgebung. Von der Adenbachhütte sind es nur noch wenige Meter, bis der Silberbergtunnel erreicht ist.

Vor Ort bietet sich dem Besucher ein Bild, das nachdenklich stimmt. Barackenwände aus Holz, ein provisorischer Briefkasten und auf das Notwendigste reduzierte Kochstellen und Heizöfen. Der Zweite Weltkrieg ist mit der traurigen und beklemmenden Geschichte des Silberbergtunnels eng verbunden. In den beiden letz-ten Kriegsjahren suchten rund 2.500 Einwohner von Ahrweiler in dem alten, für eine nie fertiggestellte Bahnlinie gebauten Eisenbahn-tunnel Zuflucht vor den gefürchteten Bombenangriffen und Tiefflie-gern, die mit ihren Bordwaffen für Angst und Schrecken sorgten. Es entstand eine »Stadt im Berg«, in der vor allem improvisiert werden musste.

Dennoch gab es eine »Hauptstraße« und durch Holzwände abge-trennte »Wohnungen« mit »Hausnummern«, der Briefträger ver-teilte die Post, und Sanitätsrat Dr. Georg Habighorst behandelte die Kranken, so gut es unter diesen widrigen Bedingungen möglich war. Die Bewohner verließen den Tunnel in der Regel nur nachts. All dies lässt sich heute natürlich nur noch erahnen, und doch ver-mittelt ein Besuch dieses ganz besonderen Freilichtmuseums, wie entbehrungsreich das Leben in dem feuchten dunklen Tunnel, der zuvor unter anderem zur Champignonzucht genutzt worden war, gewesen sein muss.

Adresse 53474 Ahrweiler | **ÖPNV** Ahrtalbahn, Haltestelle Ahrweiler Markt | **Anfahrt** der L83 in Richtung Walporzheim folgen, über die Alveradisstraße zum Adenbachtor fahren, dann den Berg gegenüber noch einige Meter hochfahren, bis zur Adenbachhütte der Beschilderung folgen, die letzten 50 Meter zu Fuß | **Tipp** Ganz in der Nähe stehen die »Schwurfinger«, Pfeiler für eine in den 1920er Jahren geplante Eisenbahnbrücke, die jedoch nie fertiggestellt wurde.

21 Der Weinbaulehrpfad

Outdoor-Einblicke in die Vino-Wissenschaft

Die Arbeit eines Ahrwinzers ist durchaus mit romantischen Vorstellungen verbunden. Mit viel Leidenschaft und Herzblut ringt er dem kargen Boden die feinsten Trauben ab und verwandelt sie in köstlichen Rot- und Weißwein, Spätburgunder oder Blanc de Noir. Gut, das mag alles stimmen. Doch die Arbeit des Winzers ist vor allem eines: wirklich hart. Um den Winzer-Kosmos auch den Ahrtal-Besuchern nahezubringen, gibt es den Weinbaulehrpfad mitten in den Weinbergen. Der führt über den beliebten Rotweinwanderweg und informiert auf 31 Schautafeln mit Illustrationen über die diversen Rebsorten an der Ahr, das Klima und die Bodenbeschaffenheit. Anschaulich werden auch die unterschiedlichen Tätigkeiten des Winzers im Jahresverlauf erklärt. So können sich interessierte Wanderer über die Herausforderungen des Arbeitens im »Wingert«, wie der Weinberg im Ahrtal genannt wird, kundig machen. Der Weg hat eine Gesamtlänge von 6,5 Kilometern. Vielerorts laden Bänke zu einer Rast ein, um den freien Blick auf die wunderschöne Rotweinmetropole Ahrweiler zu genießen.

Der Weinbaulehrpfad wurde im Jahr 1984 mit einem großen Festakt eingeweiht. Das löste einen regelrechten Wanderboom aus. Zeitzeugen sprachen seinerzeit von einer wahren Völkerwanderung. Die Heerscharen bleiben zwar heute aus, dennoch ist der Rotweinwanderweg nach wie vor stark frequentiert.

Erneuert wurde der Weinbaulehrpfad 1999. Dementsprechend haben die Schautafeln inzwischen einen etwas angestaubten, gleichwohl aber rustikalen und ganz und gar nicht veralteten Charme. Start des Weinbaulehrpfads ist in Ahrweiler kurz vor dem Adenbachtor. Da es sich nicht um Steillagen handelt, ist der Weg nicht allzu beschwerlich und für Anfänger geeignet.

Der Weinbaulehrpfad schlängelt sich ganz in der Nähe von anderen Sehenswürdigkeiten vorbei. Eines davon ist das Weltjugendtag-Kreuz, das 2005 aufgestellt wurde.

Adresse Ecke Alveradisstraße / Hochstadenstraße, 53474 Ahrweiler | **ÖPNV** Ahrtalbahn, Haltestelle Ahrweiler Markt, von dort etwa 20 Meter zu Fuß | **Anfahrt** von der L 83 kommend der Wilhelmstraße folgen, im Kreisel vor dem Ahrtor die erste Ausfahrt auf die Bossardstraße nehmen, die zur Alveradisstraße wird | **Tipp** Folgt man dem Weg, kommt man zur Adenbachhütte, einem beliebten Anlaufpunkt für Wanderer.

22___Die Weinberg-Grabstätten

Letzte Ruhe neben Reben

Es liegt in der Natur der Sache, dass in der Weinkulturlandschaft Ahrtal zahlreiche Menschen eine überaus enge Beziehung zur Rebe haben, an der die Weintraube gedeiht. Eine Tatsache, die Bestatter Heinz-Peter Hoppe auf die Idee brachte, den Weinberg im wahrsten Sinne des Wortes mit ins Jenseits zu nehmen. So entstand Anfang 2017 auf dem hoch über Ahrweiler gelegenen, 1974 eröffneten Bergfriedhof ein kleiner Weinberg, der für die sogenannten Weinbergs-Bestattungen zur Verfügung steht – deutschlandweit ein absolut einzigartiges Novum. Dort wird die biologisch abbaubare Urne mit den sterblichen Überresten direkt neben einem zur Grabstätte gehörenden Weinstock beigesetzt. In Zeiten, in denen alternative Bestattungsformen zunehmend gefragt sind, erfreut sich das Angebot großer Nachfrage.

Im Allgemeinen wird die letzte Ruhe inmitten der Natur als tröstliche Vorstellung empfunden. Dabei sind es keineswegs nur Winzer oder sonst in irgendeiner Weise beruflich mit dem Wein verbundene Zeitgenossen, die am Weinbergs-Friedhof Gefallen finden – im Gegenteil:

Die Mehrheit der bislang hier bestatteten Personen hatte zu Lebzeiten zum Rebensaft keinen professionellen Bezug. Man muss indes nicht ausgesprochen vinophil sein, um die besondere Aura dieser Ruhestätte mit dem Fernblick auf Ahrweiler und den gegenüberliegenden Silberberg faszinierend zu finden. Einen Friedhofs-Wein gibt es allerdings nicht, da es sich bei den Weinstöcken lediglich um Zierreben der Sorte »Blauer Muskateller« handelt, deren Trauben besonders witterungsbeständig und pilzresistent sind. Der Bergfriedhof ermöglicht übrigens mit dem Friedhain eine weitere naturnahe Bestattungsform für all jene, die lieber unter einem Baum als unter einer Rebe ruhen möchten.

Adresse Ramersbacher Straße 80, 53474 Ahrweiler | **Anfahrt** über die L 83 (Ramersbacher Straße) gelangt man von der Ahrweiler Ortsmitte aus Richtung Ramersbach zu den Grabstätten | **Tipp** Auf dem ebenfalls an der Ramersbacher Straße gelegenen »Abenteuer Spielplatz« sind regelmäßig die »Ahrtal Bouler« aktiv und zeigen dabei ihr beeindruckendes Können des französischen Volkssports Boule.

23 Das Langfigtal

Eine Naturidylle für Wanderer und Poeten

Die Ahr hat seit jeher auf viele Menschen eine verzaubernde Wirkung. Das gilt für Einwohner und Touristen und auch für Poeten wie Gottfried Kinkel. Der beschrieb die Ahrschlingen in Altenahr gar in einem eigenen Buch mit dem schlichten Titel »Die Ahr« aus dem Jahr 1846. Kinkel war besonders von der Landschaft zwischen der schroffen Teufelsley, einer Felswand, und der Burgruine Are angetan. Heute ist dies ein Naturschutzgebiet namens Langfigtal. Der Eindruck Kinkels ist nachvollziehbar. Der im Ahrtal viel benutzte Stempel »wildromantisch« scheint nirgends besser platziert zu sein als hier. Denn das Tal wirkt wie eine Zauberwelt mit wogenden Wassern, steinalten Bäumen und rauen Felsen. Und hier tobt die Ahr tatsächlich. So sehr, dass die Brücke des Tals bei dem »Jahrhunderthochwasser« 2016 fortgespült wurde. Nun steht dort ein Provisorium aus Gitterstahl, das irgendwann durch ein solides Bauwerk ersetzt werden soll.

Wer die Ahr, in der sich zahlreiche Fischarten tummeln, überquert, wähnt sich in einer anderen Welt. Tausende Insektenarten finden Interessierte dort vor, genauso wie uralte Farne. Das Langfigtal ist sowohl für Wanderer als auch Radfahrer erschlossen. Es lohnt der Blick rechts und links der gut ausgebauten Wege. Im Wald ragen noch die alten Trockenmauern längst aufgegebener Wingerte aus dem Boden. Auch die letzten Reste des einst stark frequentierten Altenahrer Schwimmbads können vom aufmerksamen Besucher ausfindig gemacht werden. Und gerade für Kinder sind die Baumgesichter – bunte, auf das Holz gemalte Fratzen – ein schöner und mitunter schauriger Hingucker. Es gibt auch einen Spielplatz, bei dem zwar schon etwas »der Lack ab ist«, aber damit fügt er sich perfekt in die schroffe Umgebung. Somit führen die Wege des Langfigtals auch zurück in die Vergangenheit. Das macht den Ort für Spaziergänger interessant, die eine »entschleunigte« Alternative zu den modernen Wanderstrecken wie dem Ahrsteig suchen.

Adresse Im Langfigtal, 53505 Altenahr | **ÖPNV** Ahrtalbahn, Haltestelle Altenahrer Bahnhof | **Anfahrt** A 61, Ausfahrt Altenahr, auf die B 257, folgt man der Beschilderung nach Altenahr, gelangt man auf die B 267 und die Straße Am Rossberg, dort links abbiegen, vor dem Tunnel die erste Straße rechts nehmen | **Tipp** Im Langfigtal befindet sich eine Jugendherberge, die sich aufgrund der Nähe zur Natur großer Beliebtheit erfreut. Dort sind oft Ausstellungen zu sehen.

24 Das Schwarze und das Weiße Kreuz

Licht und Schatten auf einer Höhenlage

Wanderer, kommst du an die Mittelahr … Der Ort Altenahr bietet mit seinen zerklüfteten Hängen ein absolutes Erlebnis für Wanderfreunde. Ist die steingewordene Ahrtal-Romantik erst einmal erklommen, zeigen sich nicht nur tolle Aussichten, hier oben gibt es sogar Schauplätze alter Legenden. So auch beim Weißen und beim Schwarzen Kreuz. Aber alles der Reihe nach: Das Weiße Kreuz steht einige Meter unterhalb des Altenahrer Ecks. Dieses »Eck« selbst ist bereits eine höchst sehenswerte Felsformation. Doch das Sahnehäubchen ist das Wegekreuz aus massivem Eichenholz. Knappe vier Meter hoch, thront es über dem Tal. Über die Errichter ist wenig bekannt. Wahrscheinlich waren es gottesfürchtige Einheimische, die ihre Dankbarkeit auf spirituelle Art und Weise ausdrücken wollten.

Die Errichtung von Gipfelkreuzen auf den Spitzen der Ahrtaler Berge hat eine lange Tradition. Zahlreiche Legenden ranken sich um die hölzernen Denkmale, die für Wanderer beliebte Rastpunkte sind. Genauso schaut es bei dem Pendant des Weißen Kreuzes aus, dem Schwarzen Kreuz. Der Hingucker steht oberhalb der Flurmarkierung »Heisel«, einige Höhenmeter über dem Weinort Altenahr. Nicht nur witterungsbedingt ist das Schwarze Kreuz angegriffen, es wurde auch Opfer einiger eingeritzter Liebesbekundungen. Verübeln kann man das den »Tätern« nicht. Kaum ein Ort an der oberen Ahr bietet einen schöneren und romantischeren Ausblick auf Altenahr. Das musste wohl auch der ehrenwerte Herr Jakob Caspary gedacht haben, als er am 11. April 1865 die Grundpfeiler des Schwarzen Kreuzes im Boden verankerte.

Die Kreuze haben eine Gemeinsamkeit: Sie sind Orte der ultimativen Ruhe. Hat man erst den Weg hinauf zu ihnen erklommen, kann von Stress kaum noch die Rede sein.

Adresse 53505 Altenahr | ÖPNV Ahrtalbahn, Haltestelle Altenahrer Bahnhof, von dort knapp 500 Meter zu Fuß Richtung Mayschoß | Anfahrt A 61, Ausfahrt Altenahr, folgt man auf der B 257 der Beschilderung nach Altenahr, gelangt man auf die B 267 und von dort in den Ortskern, die Wege zum Gipfel sind gut ausgeschildert; Parkmöglichkeiten an der Ahr | Tipp Altenahr ist ein Gastro-Ort. Es gibt sowohl gutbürgerliche Restaurants als auch eine Vielzahl von Weinstuben, insbesondere entlang der B 267.

25 Die Seilbahn

Vom Hotspot zum Lost Place

Nur 650 Meter Seil trennten die Gäste von einer atemberaubenden Aussicht. Im Jahr 1953 wurde die Seilbahn in Altenahr eingeweiht und genoss innerhalb kürzester Zeit Kultstatus. Denn oben auf der Plattform hatte man einen wunderbaren Blick auf den Ort und das Ahrtal. Und so gab es wohl kaum einen Reiseführer, der nicht mit der Attraktion um die Gunst der Touristen buhlte. Und die Leute kamen tatsächlich: Altenahr mit seiner Seilbahn war in der Nachkriegszeit ein absoluter Hotspot für gut situierte Gäste. Auch die Altenahrer liebten ihre Sesselbahn: Von Weitem erstrahlten die mit Lichterketten geschmückten Sitze, die das betuchte Volk auf ein Gläschen oder mehr zur Gastronomie hinauf auf den Ditschhardt, den großen Berg im Westen Altenahrs, brachten. Ganz standesgemäß errichtete man eine Unterkunft, die den Namen »Berghotel Bellevue« trug. Sogar richtige Berühmtheiten wurden hier »gespottet«: Boxweltmeister Max Schmeling oder Filmstar Romy Schneider haben sich auf den Weg empor getraut. Mit Slogans wie »Komm, siehe und staune« warb man seinerzeit für den exklusiven Ferienort Altenahr auf Ansichtskarten.

Überdauert hat die Seilbahn leider nicht. Im Jahr 2011 war Schluss, nachdem die Betreiber entschieden hatten, den Betrieb wegen mangelnder Wirtschaftlichkeit einzustellen. Heute gibt's nicht mehr viel, was an die »goldenen Zeiten« erinnert. Stück für Stück wurde die Bahn abgebaut, und die Natur hat sich der ehemaligen Trasse wieder bemächtigt. Auch oben auf dem Ditschhardt, wo einst das exzellente Hotel stand, kann man heute die Natur bei ihrer Rückeroberung beobachten.

Allein einige Bauten an der Bergstation der ehemaligen Seilbahn zeugen noch von der einstigen Betriebsamkeit. Scheinbar von aller Welt vergessen, stehen dort ein verwaistes Restaurant und ein paar verrammelte Andenkenläden, in denen es die typischen Souvenirs wie Fingerhüte oder Löffelchen mit dem Wappen Altenahrs zu kaufen gab.

Adresse Seilbahnstraße, 53505 Altenahr | **ÖPNV** Ahrtalbahn, Haltestelle Altenahrer Bahnhof, von dort wenige 100 Meter zu Fuß | **Anfahrt** A 61, Ausfahrt Altenahr, über die B 257 Richtung Altenahr auf die B 267, dann Richtung Adenau, kurz vor dem Ortsausgang rechts in die Seilbahnstraße | **Tipp** Direkt hinter dem ehemaligen Seilbahn-Areal gibt es einen guten Anschluss an den Ahr-Radweg.

26 Der Strumpfautomat

Erste Hilfe bei Laufmaschen

Vor allem in den 1950er, 1960er und 1970er Jahren war Altenahr so etwas wie das »El Arenal« des Ahrtals. Insbesondere zur Weinfestzeit wurden Besucher – vornehmlich aus dem Ruhrgebiet sowie den Beneluxstaaten – mit Sonderzügen und Reisebussen in das Dorf am Fuße der Burg Are gebracht, um in Weinkellern und Gaststätten reichlich dem Rotwein zu frönen. Dabei kann die Seilbahnstraße als eine Art »Schinkenstraße« der Wirtschaftswunderjahre angesehen werden. Hier reihten sich Weinstuben, Kneipen, Kellerbars und Souvenirgeschäfte aneinander.

Heute wirkt es so, als hätte man irgendwann einfach aufgehört zu feiern. Leere Gastronomiebetriebe – zum Teil sichtlich dem Verfall preisgegeben. Auch im Altenahrer Roßberg sind die einstmals reichlich vorhandenen Kneipen und Geschäfte entweder geschlossen oder ganz verschwunden. Wer das Kunststück fertigbrachte, zwischen Wein, Musik und Käseschnittchen irgendwie seiner Socken oder Strümpfe verlustig zu werden, für den (oder insbesondere die) gab es im Roßberg sogar einen Strumpfautomaten. Eine unschöne Laufmasche in der Strumpfhose – ebenfalls kein Problem, immerhin zehn Strumpfsorten standen zum Preis von dreimal einer D-Mark zur Verfügung. Das Schöne ist, dass ebenjener Strumpfautomat die Zeiten überdauert hat und heute ähnlich patiniert daherkommt wie manches andere in Altenahr auch. Etwas Rost, etwas abplatzender Lack und Papierschnipsel in den Fächern – aber es ist im Endeffekt genau diese Mischung aus Relikt, Kuriosum und dezentem Verfall, die auch den Reiz des Altenahrer Strumpfautomaten ausmacht. Kaum ein Passant, der erstmals hier vorbeikommt, lässt sich die Chance entgehen, den Automatenoldtimer von Anfang der 1960er Jahre mit dem Smartphone abzulichten oder ihn als Hintergrund für ein Selfie zu nutzen. Er kann also immer noch einiges, der Strumpfautomat – außer eben Strümpfe verkaufen.

Strümpfe

Adresse Roßberg 36, 53505 Altenahr | **ÖPNV** Ahrtalbahn, Haltestelle Altenahr, von dort zehn Minuten zu Fuß | **Anfahrt** die B 267 durch Altenahr mündet in die Roßbergstraße, von unten kommend, befindet sich der Strumpfautomat auf der rechten Seite | **Tipp** Nah am Strumpfautomaten ist der Aufgang zur Burg Are, einer der berühmtesten Höhenburgen des Ahrtals mit bewegter Geschichte und jeder Menge atemberaubenden Fernblicken.

27___Gilligs Mühle
Eine Mühle erleuchtet die Straßen

Die 1950er Jahre waren keine gute Dekade für die Müller. Früher backte man sein Brot daheim, und das nötige Mehl bekam man in der Mühle. Die gab es seinerzeit noch in jedem Dorf, doch dann nahmen einem die Bäcker die Arbeit am heimischen Herd ab. So kam es, dass die Mühlen nach und nach ausstarben. Dieses Schicksal ereilte auch die Betriebe an der Oberahr. Heute ist von den vielen Mühlen, die mit Wasserkraft das Getreide zermahlten, nur noch wenig zu sehen.

Eine Ausnahme gibt es jedoch: die Gilligs Mühle in Antweiler. Und die hat eine ebenso lange Historie wie das Müllerhandwerk selbst. Das Errichtungsjahr, »Anno 1686«, ist in einem Balken über der Eingangstür eingeritzt. Damals war die Mühle im Besitz des Herzogs von Arenberg. Dies änderte sich im Jahr 1892, als der Müller Nikolas Gillig Eigentümer des Betriebs wurde. Der Name »Gillig« steht bis heute in untrennbarem Zusammenhang mit der Mühle. Seit 1958 ist Ewald Gillig, Landwirt und »Mühlenwirt«, nun jedoch im wohlverdienten Ruhestand. Und Korn wird hier schon seit 1976 nicht mehr gemahlen.

In dieser Mühle ging man sehr früh mit der Zeit. Im Jahr 1913 wurde eine Turbine installiert, um Elektrizität zu erzeugen. Das war eine absolute Sensation. Dank der Mühle hatte erstmals ein Ort in der Region Licht auf den Straßen und in den Häusern. Bis heute dient die Mühle der Stromerzeugung, und das ganz ohne CO_2-Emission.

Seit einer großen Renovierung 2001 ist das Gebäude ein sehenswertes Mühlenmuseum, das Einblicke in den anstrengenden Müllerberuf von damals gewährt. Zu besichtigen sind viele Gerätschaften und Werkzeuge aus dem Mülleralltag von anno dazumal. Ein stilles Denkmal ist »Gilligs Mühle« jedoch ganz und gar nicht, denn sie wird auch für eine Vielzahl von Kultur- und Musikveranstaltungen genutzt.

Adresse Rodderweg 8, 53533 Antweiler | **Anfahrt** nach Antweiler gelangt man von den Orten Müsch im Süden und Fuchshofen im Norden über die L 83 | **Tipp** Die barocke Pfarrkirche St. Maximin ist einen Besuch wert, nicht zuletzt wegen des Eingangsportals aus Bronze.

28 Die Burg Aremberg

Eine Geschichte voller Glanz und Unglück

Ein komplizierter orthografischer Sachverhalt muss im Vorfeld geklärt werden, wenn man von diesem Ort spricht: Es handelt sich um die Burg Aremberg im Dorf Aremberg, die jedoch einst dem Adelsgeschlecht derer von Arenberg gehörte, deren Besitztum das Arenberger Land war. Dieses Durcheinander von »ms« und »ns« wirkt sich jedoch nicht auf die Schönheit der erhaltenen Anlage aus. Obwohl das Bauwerk auf dem 623 Meter hohen Aremberg eine wechselhafte Geschichte von Aufbau, Umbau und Verwüstung hinter sich hat, ist die von einem Förderverein gepflegte Burg auch heute eine Sehenswürdigkeit.

Im 13. Jahrhundert standen dort oben nur kleinere Häuser. Erst als die Arenberger zu Einfluss und Macht gelangten, ließen sie ihre Burg zu einem Bollwerk umbauen, das als uneinnehmbar galt. Eine Inventarliste von 1543 verzeichnet 141 Gewehre und 30 Kanonen – ein gigantisches Waffenarsenal, das zugleich den Reichtum der Arenberger bezeugt. Trotz aller Vorkehrungen gelang es im Jahr 1682 einer stattlichen Armee französischer Soldaten unter Befehl Ludwigs XIV., die Burg einzunehmen.

Allein das Verzeichnis der Unterbringung, datiert auf den 9. September 1682, zeugt von den damaligen Ausmaßen der Anlage. 480 Franzosen logierten in 43 Zimmern innerhalb der Burg, 2.000 weitere in den Nebengebäuden. Dann ging alles schief: Bei einer missglückten Sprengung zerstörten die Franzosen eine wichtige Wassermauer, und das Trinkwasser versickerte. Somit fielen alle Brunnen trocken, und ohne Wasser war die Anlage nutzlos. Die Folge: 1683 wurde die Burg von den Franzosen fast vollständig zerstört. Erhalten geblieben sind nur ein hoher Aussichtsturm sowie der originale Zugangsweg. Dieser hat schon einige Prominenz gesehen: Sogar Papst Alexander VII. soll im 17. Jahrhundert die Burg Aremberg besucht haben, um sich von der Herrlichkeit zu überzeugen.

Adresse Burgstraße, 53533 Aremberg | **Anfahrt** aus Richtung Schuld der L 73 bis
Antweiler, dann der Beschilderung folgen, die Burgstraße zweigt von der Hauptstraße
ab | **Öffnungszeiten** Turm: je nach Saison, Infos auf www.aremberg-burgruine.de | **Tipp**
Was wäre eine Burg ohne Burgschänke? Das Gasthaus in der Burgstraße 23 bietet auch
Übernachtungsmöglichkeiten.

29 Die Anna-Kapelle

Mehr als 500 Jahre eine Baustelle

Wer vor der St.-Anna-Kapelle in Bachem steht, mag sich wundern. Im Vergleich zu den schlichten Kapellen, wie sie für das Ahrtal typisch sind, ist sie nämlich deutlich zu opulent. Und das ist kein Wunder: Im 13. Jahrhundert wurde sie in den Registern der Pfarreiengemeinschaft Beul – heute ein Stadtteil von Bad Neuenahr – als Filialkirche geführt. Aber egal, wie man es bezeichnet: Bereits vor Jahrhunderten sorgte sich die katholische Kirche um den Zustand ihres Gotteshauses. 1500 setzte eine Gruppe von neun Kardinälen einen Brief auf mit der Bitte, die Kapelle doch schleunigst zu renovieren. Sogar an Messbüchern mangelte es. Und was geschah: nichts. Denn Kriege machten jeden Vorstoß zur Instandsetzung wieder zunichte.

Die wenigen Reparaturen, die durchgeführt wurden, muten eher wie Flickwerk an. Davon zeugen auch die Fenster der St.-Anna-Kapelle, in denen sich ein Sammelsurium architektonischer Stile wiederfindet. Anfang des 20. Jahrhunderts wollte man das Häuschen in der Bachemer Ortsmitte komplett abreißen und neu errichten. Diesmal war der Erste Weltkrieg schuld an der Zerschlagung der Idee. Immerhin: Für die Kapelle gab's einen neuen Altar und auch eine neue Glocke.

Zum Abriss ist es zum Glück nie gekommen. Um die Jahrtausendwende reiften in der Dorfgemeinschaft Pläne zur Renovierung. So geschah es: Die Kapelle erhielt eine neue Lichtinstallation. Bei den Umbaumaßnahmen kamen zudem wahre Schätze zutage wie alte Messbücher, die hervorragend erhalten sind. Die Sanierung wurde durch zahlreiche Benefizkonzerte finanziert.

Das Ergebnis ist prächtig. Niemals war die Kapelle schöner hergerichtet. Insbesondere das wundervolle Faltengewölbe der Decke ist ein »Must-see« für Architektur-Fans.

Auch Musikfreunde können sich die Anna-Kapelle merken. Ab und an finden hier Konzerte statt, beispielsweise mit örtlichen Gesangsvereinen.

Adresse Pfarrweg 2, 53474 Bachem | **ÖPNV** der nächstgelegene Haltepunkt der Deutschen Bahn ist der Ahrweiler Bahnhof an der Wilhelmstraße | **Anfahrt** von der A 573 der Beschilderung Richtung Ahrweiler folgen auf die L 84, im Kreisel zweite Ausfahrt auf Sebastianstraße, rechts auf die Schützenstraße, dann auf die St.-Pius-Brücke und links auf die St.-Pius-Straße abbiegen, die nächste Straße links ist der Pfarrweg | **Tipp** In Bachem gibt es zwei weitere Kapellen: die Lourdes-Kapelle und die St.-Leonardus-Kapelle.

30 __ Das Bachemer Backes

Von »Folterinstrumenten« und Sauerteigbrot

Kennen Sie einen »Dengelstock«, eine »Kellerpumpe«, eine »Däuka« (Deukarre), einen »Damenschoner« oder ein »Lohmesser«? Was sich zunächst nach dem facettenreichen Arsenal eines gut ausgerüsteten Folterknechts anhört, sind in Wahrheit Arbeitsgeräte, die früher im Weinberg Verwendung fanden. Und so viel ist klar: Das Wirken in den steilen Reblagen des Ahrtals war in Zeiten vor Traktoren, Hubschrauberspritzung und motorgetriebenen Seilwinden eine echte Plackerei. Das wird jedem bewusst, der im kleinsten Museum von Bad Neuenahr-Ahrweiler im Stadtteil Bachem vorbeischaut. Dabei verbindet man den Ort, das alte Bachemer Backhaus, eher mit Brot und Streuselkuchen, doch im Obergeschoss des Backes dreht sich alles rund um den historischen Weinbau, der in dem für seine Frühburgunder-Spezialitäten bekannten Bachem auch auf eine lange Geschichte zurückblicken kann.

Es verwundert, dass derart viele Memorabilien an die graue Vorzeit des Weinbaus auf so engem Raum Platz finden, doch irgendwie ist genau das der betreibenden Bürgergemeinschaft Bachem gelungen. Denn neben den bereits erwähnten Ausstellungsstücken gibt es auch noch Holzfässer, Wagenräder, Flaschen, Weinkisten, Bilder, Weinetiketten, Tragekiepen, Weinpressen, allerlei Gefäße und vieles mehr zu entdecken. Dank vorhandenem Schriftgut kann der Gast auf Wunsch auch noch tiefer in die Materie einsteigen. Dass das Bachemer Backes zudem eines der ältesten noch erhaltenen Häuser von Bad Neuenahr-Ahrweiler ist, gibt dem Ganzen einen zusätzlichen Reiz. Trotz seines engen Verbandeltseins mit dem Weinbau kann das Bachemer Backes dank altehrwürdigem, immer mal wieder befeuertem Ofen in der unteren Etage seinem originären Zweck nachkommen und beispielsweise das beliebte Backes-Sauerteigbrot produzieren, das unter anderem beim alljährlichen Bachemer Backesfest reißenden Absatz findet und ein echtes kulinarisches Highlight des Dorfes darstellt.

Adresse Ecke Königstraße / Annastraße, 53474 Bachem | **ÖPNV** Ahrtalbahn, Haltestelle Ahrweiler, von dort circa 30 Minuten zu Fuß. | **Anfahrt** von der St.-Pius-Straße auf den Pfarrweg abbiegen, der in die Annastraße mündet | **Tipp** Nicht weit vom Museum entfernt befindet sich das »Jugendgästehaus« (St.-Pius-Straße 7), die einzige offizielle Jugendherberge der Kreisstadt.

31 Das Glöckchen der Lourdes-Kapelle

Kohlenhändlers Geläut

Die Bachemer Lourdes-Kapelle hat ihre Entstehung einem Versprechen zu verdanken. Wenn er denn wohlbehalten aus der Kriegsgefangenschaft zurückkehren würde, so nahm es sich Karl Dresen vor, würde er zu Ehren der Muttergottes von Lourdes in seinem Heimatort eine Kapelle stiften. Der Wunsch ging in Erfüllung: Der Schuhmachermeister überlebte die Kriegsgefangenschaft und kehrte nach Bachem zurück. Im Bachemer Wiesental, gelegen am Ende der Himmelsburger Straße, fand er ein geeignetes Areal. Still und umgeben von Wald und Wiesen, der ideale Ort zum Beten oder um einfach nur zur Ruhe zu kommen. Eine Tatsache, die sich bis heute nicht geändert hat. Nach dem Baubeginn 1948 erfolgte ein Jahr später die offizielle Einsegnung der Lourdes-Kapelle, 1958 kam der charakteristische Kuppelanbau hinzu. Das etwas verwunschen wirkende Kapellchen mit seinem von zahlreichen Kerzen illuminierten Innenraum lockt seit jeher Gläubige und Besucher in großer Zahl an. Die Theologiestudenten und Priester des Studienhauses St. Lambert in Lantershofen machen hierhin sogar ihre alljährliche Wallfahrt.

Der Bau des kleinen Gotteshauses war indes nicht immer einfach gewesen, mangelte es doch gerade in jenen Nachkriegsjahren irgendwie immer an etwas. Kurz vor der Einweihung fehlte dann noch das für eine Kapelle praktisch unverzichtbare Element: die Glocke! In Zeiten akuter Metallknappheit ist das Auftreiben eines Geläuts ein schwieriges Unterfangen, doch Karl Dresen hatte die richtige Idee. Beim Kohlenhändler Josef Geller in der Ahrweiler Niederhut war ihm aufgefallen, dass dieser seine alte Glocke aus Vorkriegszeiten, mit der sich die Kunden im Hof bemerkbar machen konnten, inzwischen durch eine modernere Klingel ersetzt hatte. Dresen hatte Glück – das Glöckchen befand sich noch im Besitz des Kohlenhändlers, fand im »Turm« der Lourdes-Kapelle ein neues Zuhause.

Adresse Himmelsburger Straße, 53474 Bachem | **ÖPNV** Ahrtalbahn, Haltestelle Ahrweiler Markt, von dort circa eine Stunde Fußweg | **Anfahrt** von der St.-Pius-Straße über Pfarrweg und Talweg auf die Himmelsburger Straße, an deren Ende steht die Kapelle, Parkplätze auf dem nahe gelegenen Schotterplatz | **Tipp** Unweit der Lourdes-Kapelle befindet sich die Lourdes-Hütte des Männerchors Bachem, die für Feiern gemietet werden kann, aber auch den Wanderer zur Rast einlädt.

32 __ Das Denkmal des toten Fliegers

Das unbekannte Schicksal des Jean Mascaux

Die Geschichten des Ahrtals sind üblicherweise gut dokumentiert. Aber manche werfen Fragen auf. Wie zum Beispiel die des Denkmals in Bad Bodendorf, das einem toten Flieger gewidmet ist. Über das Schicksal des Piloten Jean Mascaux, Anführer des 4. belgischen Jagdgeschwaders, ist wenig bekannt und sein Denkmal verwittert und überwuchert. Als gesichert gilt lediglich, dass der Belgier am 31. März 1950 mit seinem Jagdflugzeug aus Richtung Westen kommend die Kontrolle über seine Maschine verlor und bei Bad Bodendorf abstürzte. Doch die Umstände des Crashs sind weitestgehend unbekannt. Laut Zeitzeugen habe Mascaux seinen Jet bewusst in den Mühlenberg gelenkt. Denn man fand kein Indiz, dass der Pilot den Schleudersitz betätigt habe. Der damals 35-Jährige starb bei dem Frontalaufprall.

Da der belgische Hauptmann eine besondere Stellung innehatte, wurde er von der belgischen Luftwaffe als Held gewürdigt. Angehörige und Kameraden kamen nach Bad Bodendorf und setzten ihm während eines großen militärischen Festakts ein Denkmal. »À la memoire du Capitaine J. Mascaux de force arienne belge tombé en service commandé le 31.3.1950«, lautet die Inschrift auf dem Stein, das wie ein Grab anmutet.

Auch die Bad Bodendorfer gedachten des toten Fliegers, jedoch nur für wenige Jahrzehnte. Das steinerne Andenken des Jean Mascaux wurde gar an einen anderen Platz versetzt. Eine Bronzestatue zur Erinnerung war nach einiger Zeit sogar verschwunden. Während in früheren Zeiten die Einwohner Kerzen für den Piloten aufstellten, ist das Schicksal des Jean Mascaux heute im Kollektivbewusstsein weitestgehend verblasst.

Immerhin kümmern sich die städtischen Mitarbeiter Sinzigs um das Grün drum herum, während der Stein an sich nicht mehr gepflegt wird.

A LA MÉMOIRE DU CAPITAINE J. MASCAUX
DE LA FORCE AÉRIENNE BELGE
TOMBÉ EN SERVICE AÉRIEN COMMANDÉ
LE 31.3.19..

Adresse Ecke Bäderstraße / Am Kurgarten, 53489 Bad Bodendorf | **ÖPNV** Ahrtalbahn, Haltestelle Bad Bodendorf | **Anfahrt** B 9, Abfahrt Bad Neuenahr-Ahrweiler, im Sinziger Hochkreisel 3. Ausfahrt auf die B 266 nehmen, an der Kreuzung in Bad Bodendorf links in die Bäderstraße biegen und ihr bis zum Ende folgen | **Tipp** In der Nähe befindet sich das Bad Bodendorfer Thermalfreibad, das mit einer großen Ruhewiese und nostalgischem Charme zum Tagesausflug einlädt.

33 Das Heimatmuseum

Bodoli-Limonade und ein Arbeiterdichter

Zwischen Sinzig und Bad Neuenahr gelegen, ist Bad Bodendorf ein beliebter Wohnort im Ahrtal. Allerdings ist sicherlich den meisten Besuchern nicht bekannt, dass der Ort von zahlreichen, heute praktisch komplett verschwundenen Wirtschaftszweigen geprägt wurde. So gab es nicht nur einen mehr oder weniger lebhaften Kurbetrieb – daher der bis heute bestehende Namenszusatz »Bad« –, sondern unter anderem auch Weinbau, ein Kohlensäurewerk sowie eine Produktionsstätte für Mineralwasser und Erfrischungsgetränke. Immerhin von 1920 bis 1967 füllte die Firma »Bodendorfer Mineralsprudel GmbH« ihr Mineralwasser und die »Bodoli«-Limonade ab.

Ebenjene Relikte aus der bewegten Vergangenheit des früheren Kurbades sind im Heimatmuseum und -Archiv zu besichtigen. Wohldosiert und nicht erschlagend werden in dem kleinen, vom Heimat- und Bürgerverein Bad Bodendorf betriebenen Museum Wasser- und Limoflaschen im Wandel der Zeit gezeigt – vom urzeitlichen Tongefäß bis zum typischen Design der 1950er und 1960er Jahre. Dazu das passende Merchandise in Form von Gläsern und Aschenbechern. Überhaupt wird der Einrichtung und den Gegenständen des täglichen Gebrauchs aus der Vor- und Nachkriegszeit im Museum – das sich nach vielen Jahren im Haus der ehemaligen Drogerie Schuld seit Herbst 2019 in der Dorfmitte in neuen Räumlichkeiten direkt am Ortseingang befindet – ein gebührender Raum gewidmet. Ob Milchkannen, Kaffeemühlen, hölzerne Wein- und Wasserkisten, Medizinzubehör, Geschirr oder Zigaretten aus rheinischer Produktion – manches ist zu erwarten, vieles ist überraschend. Auch dem römischen Bodendorf wird ein kleines Kapitel gewidmet. Weitere Exponate dokumentieren den ebenfalls in Bad Bodendorf längst nicht mehr existierenden Weinbau. Bemerkenswert ist zudem die enorme Sammlung rund um den Arbeiterdichter Heinrich Lersch (1889–1936), der ab 1932 hier wohnhaft war.

Heilbad bitte langsam fahren

Adresse Bahnhofstraße 15, 53489 Bad Bodendorf | **ÖPNV** Ahrtalbahn, Haltestelle Bad Bodendorf, von dort nur wenige Meter zu Fuß | **Anfahrt** von der B 266 auf die Bahnhofstraße | **Öffnungszeiten** Diverse Sonntage im Jahr, Termine auf www.heimatmuseum-bad-bodendorf.de. Nach Rücksprache ist Museumsleiter Josef Erhardt gerne zu Führungen bereit. | **Tipp** Seit Jahrzehnten absoluter Kult ist der direkt schräg gegenüber dem Museum gelegene griechische »Schnellimbiss« – ideal für eine Stärkung mit leckerem Gyros nach einer Ahrtal-Erkundungstour.

34 Der Schwanenteich

Pfauen, Ponys und lebende Rasenmäher

Wer im Ahrtal einen Zoo sucht, sucht vergebens. Aber es gibt ein ganz sehenswertes Tiergehege in Bad Bodendorf, direkt am Fahrradweg in Richtung Sinzig gelegen. Im sogenannten »Schwanenteich« haben rund 200 Tiere ein Zuhause gefunden. Die meisten wurden von ihren Besitzern gebracht, um sie in die pflegerische Obhut der über 300 Mitglieder des Vereins, der sich um den »Schwanenteich« kümmert, zu geben. Es gibt eine unüberschaubare Fülle an Vierbeinern wie Ponys, Kaninchen, Waschbären, Kamerunschafe und viele kecke Ziegenböcke. Die Letztgenannten haben mancherorts sogar Berühmtheit erlangt. Die emsigen Hornträger wurden in der Vergangenheit schon an Ahrtaler Grünflächenbesitzer als tierische Rasenmäher ausgeliehen. Einige Bewohner des Teichgeländes waren also bereits öfters »on tour« – das gilt auch für die prächtigen Pfauen, die manchmal ausbüxen, aber stets wieder nach Hause finden. Der eigentliche Schwanenteich ist ein kleines Gewässer in unmittelbarer Nähe der Volieren und Gehege des Mini-Tierparks. Geschaffen wurde er mit allerschwerstem Gerät in den 1970er Jahren vom Pionierbataillon 850 aus der Kaserne in Koblenz-Metternich. Heute geht es dem Gewässer mal mehr, mal weniger gut. Hoch- und Niedrigwasser gleichermaßen setzen ihm regelmäßig zu. Wenn der Pegel nicht stimmt, rücken aber keine Soldaten an, sondern die Feuerwehr. Vor allem in den letzten Sommern mussten die Floriansjünger den Teich mit Wasser versorgen, da er auszutrocknen drohte. Da dort Stockenten und andere Wasservögel ihr Domizil haben, wird auf einen guten Zustand des Teichs viel Wert gelegt.

Der Verein »Tier und Naturfreunde Schwanenteich« öffnet zu vielen Anlässen Tür und Tor für Besucher. Die Termine werden auf der Webseite bekannt gegeben.

Dem Schwanenteich kommt der Status eines großen Gemeinschaftsprojekts gleich. Wer mithelfen möchte, ist herzlich willkommen.

Adresse Am Schwanenteich, 53489 Bad Bodendorf, www.schwanenteich.com | **ÖPNV** Ahrtalbahn, Haltestelle Bad Bodendorf, von hier zu Fuß in Richtung Ehrenfriedhof, unweit der B 266 | **Anfahrt** Das Tiergehege Schwanenteich liegt gut ausgeschildert südöstlich von Bad Bodendorf, gleich zwischen Ahr und dem Mühlenbach in der unmittelbaren Nähe des Ehrenfriedhofs. | **Tipp** Da der »Schwanenteich« am Radweg nach Sinzig liegt, kann man den Besuch des Tierparks wunderbar mit einem Fahrradausflug verbinden.

35 Die Trüffelplantage

Wenn ein Spitzenkoch auf Pilzsuche geht

Sie sind klein, köstlich und überaus wertvoll: die Trüffel, oder im Französischen *truffe*. Nach der französischen Benennung zu urteilen, findet man die unterirdisch wachsenden Pilze vornehmlich in Frankreich, aber auch in Italien. Doch am 23. Oktober 2002 vermeldete man im Ahrtal einen Sensationsfund. *Tuber uncinatum*, der Burgundertrüffel, wurde nahe Sinzig gefunden. Das passte, denn dem Burgunder war man hier schon immer sehr zugetan. Den Preis als beste Spürnase teilten sich Max, ein Terriermischling, und Jean-Marie Dumaine, seines Zeichens Ahrtaler Spitzenkoch und absoluter Trüffel-Enthusiast. An der Ahr auf Trüffelsuche zu gehen war zunächst nur eine flüchtige Idee. Doch der Gedanke reifte in Dumaine, sodass er Max' Nase für den Geruch der schwarzen Knollen sensibilisierte. Motiviert machte sich Dumaine also mit seinem Hund auf ins Ahrtal nahe Sinzig. Et voilà – die beiden wurden fündig, und Maître Dumaine stieß in höherer Stückzahl auf die Pilze. Das war spektakulär, Nachrichtenmagazine berichteten über Dumaine und seinen Max.

Trüffel bevorzugen zum Wachsen kalkhaltigen Boden in Südlage und regenreiche Sommer. Kurzum: Im Ahrtal herrschen Spitzenbedingungen für die Trüffel. Dumaine gab sich mit dem reinen Aufspüren der Pilzknollen nicht zufrieden und begann die Trüffel zu kultivieren.

In Bad Bodendorf fand er ein ideales Areal für die erste Trüffelplantage des Ahrtals. Dort gibt es seit der Entstehung im November 2006 stets reiche Ausbeute. Altes Holz wird zunächst mit Trüffelsporen geimpft. Nach fünf bis zehn Jahren sind die Trüffel groß genug, und es darf geerntet werden. Dumaine gründete gleich mit einigen ebenfalls begeisterten Trüffel-Fans den Verein »Ahrtrüffel e. V.«, der Sinzig zum deutschen Trüffel-Mekka machte. Das dort stattfindende »Trüffel-Symposium« lockt Experten aus der ganzen Welt zum Austausch.

Adresse Heerweg, 53489 Bad Bodendorf | **ÖPNV** Ahrtalbahn, Haltestelle Bad Bodendorf | **Anfahrt** von Sinzig über die B 266 kommend in Bad Bodendorf auf die Bahnhofstraße, dann rechts auf die Hauptstraße, die nach einem Rechtsknick in den Heerweg mündet | **Tipp** Folgt man dem Weg zur Trüffelplantage, gelangt man zur recht einsam gelegenen »Waldkapelle an der Krönungsstraße«.

36 Die Beethoven-Flötenuhr

Ein Best-of mit 36 Pfeifen

Wenn in Bad Neuenahr vor dem Thermalbadehaus die Töne des großen Meisters Ludwig van Beethoven erklingen, halten nicht nur die Kurgäste inne. Sogar der benachbarte Brunnen wird per Zeitschaltuhr kurz deaktiviert – schließlich soll das plätschernde Wasser nicht das Hörvergnügen trüben. Nicht nur deshalb ist die Beethoven-Flötenuhr schon etwas Besonderes, auch die Technik hat es in sich. In dem knapp 800 Kilogramm schweren Kopf der Uhr sind 36 Orgelpfeifen untergebracht. Von morgens neun bis abends neun spielt die Uhr alle 30 Minuten ein 30-sekündiges Best-of des alten Meisters. »Trio«, »Allegretto«, »Allegro«, »Bagatelle« und »Scherzo« lauten die Titel der Stücke. Dass gerade die Kompositionen des im nahen Bonn geborenen Beethoven zu Gehör gebracht werden, ist natürlich kein Zufall. In seiner Jugend verbrachte er die Sommer der Jahre 1786 bis 1792 in Bad Neuenahr.

Die Idee zur Flötenuhr stammt von Rainer Mertel, einem ehemaligen Kurdirektor. Der hatte vor Jahrzehnten eine Dampfuhr in Kanada gesehen und wollte ein ähnliches Exemplar in Bad Neuenahr aufgestellt wissen. Der Vorschlag stieß auf Gegenliebe, und mit dem Bad Neuenahrer Steinmetz Rudolf Kniel fand man einen Handwerker und Künstler in Personalunion, der das Projekt umsetzte und den Kopf entwarf. Das Uhrwerk, das Gehäuse und die Pfeifen wurden in der Werkstatt des Uhrmachers Matthias Naeschke in Haigerloch-Weildorf in Handarbeit gefertigt. Naeschkes Werke erfreuen sich internationaler Beliebtheit, und der »Sound« der Pfeifen sollte dafür sorgen, dass sich die Beethoven-Flötenuhr nach ihrer feierlichen Inbetriebnahme im Jahr 2003 zu einem touristischen Hotspot entwickelt. Funktioniert hat das nicht so ganz, aber gleichwohl fügt sich die Uhr mit ihrer Optik und Akustik ganz wunderbar in das ohnehin sehenswerte Areal des Kurviertels ein.

Adresse Kurgartenstraße (gegenüber dem Thermalbadehaus), 53474 Bad Neuenahr | **ÖPNV** Ahrtalbahn, Haltestelle Bad Neuenahr | **Anfahrt** von der B 266 aus Richtung Sinzig / Koblenz Abfahrt Bad Neuenahr, auf die Ahr-Rotweinstraße, die zur Hauptstraße und dann zur Rathausstraße wird, der Beschilderung zum Kurpark folgend links auf die Hauptstraße und weiter rechts auf der Telegrafenstraße halten, die zur Kurgartenstraße wird | **Tipp** Nur wenige Meter weiter steht das Haus, in dem der junge Beethoven in den Sommermonaten wohnte (Mittelstraße 4).

37 Der Goldene Pflug

Dank Magie zum Heilwasser

Bad Neuenahr ist eine Stadt voller Sagen. Und manche lebt bis heute weiter. So wie die Sage vom Goldenen Pflug. Und die geht so: Einst im Mittelalter residierten die Grafen von Neuenahr in ihren Burgen. Ihr Reichtum war so grenzenlos, dass dort alles aus Gold und mit Edelsteinen besetzt war. Sogar ein Pflug für die Feldarbeit war aus purem Gold gefertigt und zudem noch magisch. Kein Wunder also, dass immer wieder Räuberbanden ein Auge auf den Pflug warfen. Die Plünderer stießen zwar auf jenen legendären Reichtum, nur der Goldene Pflug war nirgends aufzufinden. Und sosehr man die Edelleute auch folterte: Niemand gab preis, dass der Goldene Pflug gut versteckt am Boden des Burgbrunnens der Stadt lag.

Irgendwann gaben die Räuber auf, doch das Gerücht, dass der Pflug irgendwo noch auf einen Finder wartete, blieb in den Köpfen der Neuenahrer. Eines Tages dann machte sich ein gutherziger, armer Winzer an sein Tagwerk, als er einen Zweig jammern hörte. Der hatte solch einen Durst, dass ihm der Winzer einen Schluck Rotwein gab. Das Zweiglein war seinem Retter dankbar und verriet, wo der Pflug zu finden sei.

In einer Vollmondnacht kletterte der Winzer den Brunnenschacht hinab und fand das mythische Ackergerät tatsächlich. Doch als er nach ihm griff, brach ein furchtbares Getöse los, und vor Schreck ließ er den Pflug wieder fallen. Fortan sollte ihn keiner mehr zu bergen wagen. Doch seit diesem Geschehen war das Neuenahrer Wasser plötzlich ganz anders: Es prickelte und hatte wundersame Heilkräfte. Damit war das Bad Neuenahrer Heilwasser, das heute Apollinaris heißt, geboren.

1995 wurde dem magischen Gerät ein Denkmal gesetzt. Der Pflug im Miniaturformat befindet sich in einer Anlage im Herzen von Bad Neuenahr. Realisiert wurde das Projekt von einem engagierten Bürgerverein, der die Erinnerung an die Sage bewahren möchte.

Adresse Wadenheimer Platz (Jesuitenstraße), 53474 Bad Neuenahr | **ÖPNV** Ahrtalbahn, Haltestelle Bad Neuenahr, von dort Richtung Kurpark gehen | **Anfahrt** von der B 266 aus Richtung Sinzig / Koblenz kommend Abfahrt Bad Neuenahr, dort auf die Ahr-Rotweinstraße, die zur Rathausstraße wird, dann der Kölner Straße folgen und links auf die Hauptstraße, die zweite Straße links ist die Jesuitenstraße | **Tipp** Direkt gegenüber steht das geschichtsträchtige Hotel »Neuenahrer Hof« mit einer sehenswerten Fassade.

38___Die »Hendrech und Jösef«-Skulptur

Zwei Urgesteine – in Stein gemeißelt

In den 1920er Jahren blühte das Kurbad Bad Neuenahr auf: Die Medizin der damaligen Zeit hatte den Nutzen von heilsamen Kuraufenthalten in der Nähe der Sprudelquelle erkannt. Dementsprechend voll waren die Straßen und Plätze des prosperierenden Badeorts. Doch zwischen all den mondänen Damen und Herren hielten zwei ganz besondere Männer die Stellung: Hendrech und Jösef. Die beiden Urgesteine Bad Neuenahrs vertrieben sich den Tag mit Schelmereien und philosophischen Disputen. Und sie konnten durchaus auch einmal schärfere Töne anschlagen, wenn ihnen etwas oder jemand speziell ins Auge fiel. Aber dies geschah – laut Überlieferung – niemals in bösartiger, sondern stets in augenzwinkernder und ganz herzlicher Manier, die dem Allgemeinwohl dienen sollte. So wurden der Hendrech und der Jösef auch beständig beim städtischen Rat vorstellig, um Verbesserungsvorschläge unterschiedlichster Art einzureichen.

Hand aufs Herz: Hendrech und Jösef gab es nicht wirklich. Trotzdem setzte man diesen liebenswerten Klischees von Bad Neuenahrer Originalen 1999 ein Denkmal. Mit der Gestaltung beauftragt wurde das Bildhauer-Duo Johannes Netz und Gerd Hardy. Am Standort des Skulpturen-Paars, dem Alten Markt in der Innenstadt, befanden sich in früheren Zeiten luxuriöse Hotels wie das »Kronen-Hotel« oder der »Kaiserhof«. Ein idealer Platz also, um die flanierende Kur-Klientel an sich vorbeiziehen zu lassen, und das zudem in Hör- und Sichtweite des damaligen Rathauses. Auch wenn die kommunale Verwaltung ihren Hauptsitz schon lange nicht mehr im Wirkungsbereich der beiden sympathischen Neuenahrer hat, lauschen sie noch heute dem neuesten Stadtgespräch. Übrigens: Der Erschaffer der beiden kultigen Figuren ist Philipp Bichler, ein Literat aus der Kurstadt, der sicherlich so manche eigene Beobachtung in den Geschichten der beiden sehenswerten Kunstfiguren verewigt hat.

Adresse gegenüber der Hauptstraße 80, 53474 Bad Neuenahr | **ÖPNV** Ahrtalbahn, Halte-stelle Bad Neuenahr Bahnhof | **Anfahrt** von der B 266 aus Richtung Sinzig / Koblenz kommend Abfahrt Bad Neuenahr, dort auf die Ahr-Rotweinstraße, die zur Rathausstraße wird, dann der Kölner Straße folgen und links auf die Hauptstraße | **Tipp** Rund um den Alten Markt mit seinem außergewöhnlichen Springbrunnen laden Cafés zum Verweilen ein.

39__ Der Heppinger /
Apollinaris-Brunnen

Mineralwasser, frisch gezapft

Ob flaschen- und kastenweise auf Vorrat oder als willkommene Erfrischung für den durstigen Wanderer – der im Zentrum des Bad Neuenahrer Ortsteils Heppingen gelegene Mineralwasserbrunnen war über Generationen hinweg eine viel genutzte Institution. Schon 1565 wird die Heppinger Quelle erstmals urkundlich erwähnt, 1852 entdeckte Georg Kreuzberg die nahe Apollinaris-Quelle und übernahm 1870 die Heppinger Quelle. Pausenlos sprudelte das aus den Tiefen des Ahrgesteins nach oben dringende Wasser aus der Quelle und ersparte manchem Bewohner der näheren und weiteren Umgebung den Weg zum Getränkemarkt.

Da ist es nicht verwunderlich, dass im Jahr 2014 heftiger Protest in Heppingen laut wurde, als Pläne über eine Verlegung des Brunnens bekannt wurden. Knapp vier Jahre später half auch der Protest nicht mehr weiter: Ein Bürger hatte auf eigene Faust das Heppinger Wasser untersuchen lassen, das zuständige Labor attestierte teilweise überschrittene Grenzzahlen in Sachen Mangan- und Eisenwerte. Die Wasserentnahmestelle wurde von Rohrleitungen aus dem Bereich des Apollinaris-Brunnens gespeist, sodass eine entsprechende Aufbereitung nicht möglich war. Obwohl keinerlei auf den Genuss des Heppinger Wassers zurückzuführenden Erkrankungen bei den Menschen der Umgebung dokumentiert waren und ein Naturprodukt oft Schwankungen unterliegt, bedeutete dies das Ende der beliebten Zapfstelle. Beim Apollinaris-Brunnen, inzwischen im Besitz der »Coca-Cola Erfrischungsgetränke AG«, wollte man die lange Tradition dennoch weiterführen und errichtete direkt gegenüber dem Produktionsgelände an der Landskroner Straße eine neue, moderne Wasserentnahmestelle. Hier können die Bürger dank zweier Wasserhähne wählen, aus welcher Quelle sie täglich von 6 bis 21 Uhr kostenlos trinken möchten: links Apollinaris, rechts Heppinger.

Adresse Landskroner Straße 175, 53474 Bad Neuenahr | **ÖPNV** Ahrtalbahn, Haltestelle Bad Neuenahr, von dort circa zehn Minuten zu Fuß | **Anfahrt** von der Heerstraße auf die Landskroner Straße fahren, von Bad Neuenahr kommend, befindet sich die Zapfstelle auf der linken Seite | **Tipp** Vom Brunnen aus bietet sich eine Wanderung zur von der Quelle aus gut sichtbaren Burgruine Landskrone mit der davor gelegenen Maria-Hilf-Kapelle an.

40__ Die Kapelle am Alten Markt

Wenn Jesus auf Reisen geht

So mancher fromme Katholik hegt den Wunsch, wenigstens einmal im Leben eine lange Wanderung zu unternehmen. Gibt es doch Orte wie Lourdes oder Santiago de Compostela, zu denen sich Wallfahrer und Pilger aus der ganzen Welt aufmachen. Auf den – zugegebenermaßen nicht sehr langen – Weg machte sich einst auch eine Kreuzigungsgruppe aus Bad Neuenahr. Nein, das ist keine martialische Wallfahrerclique, sondern eine ikonografische Darstellung der Kreuzigungsszene aus dem Alten Testament.

Die detailreichen handgefertigten Steinfiguren, deren Entstehungsjahr auf 1536 datiert wird, gelten als ausgesprochen wertvoll. Dieser Schatz befand sich ursprünglich in der Josephskapelle, die im Jahr 1626 am Alten Markt erbaut wurde. Sie war ein ansehnliches Bauwerk und diente gläubigen Christen zeitweise sogar als Filialkirche. Die Bewohner des historischen Bad Neuenahrer Ortsteils Wadenheim wichen des Öfteren zum Gottesdienst auf diese Kapelle aus, wenn sie von ihrer eigenen Kirche St. Willibrord durch das regelmäßige Ahrhochwasser abgeschnitten waren. Als dann 1904 schließlich die Rosenkranzkirche als großer spiritueller Anlaufpunkt für die gesamte Region geweiht wurde, riss man die Josephskapelle noch im gleichen Jahr ab. Sie war obsolet geworden.

Was aber sollte nun mit der obdachlos gewordenen Kreuzigungsgruppe geschehen? Für sie wurde gleich auf der gegenüberliegenden Straßenseite ein neues Heim erbaut, das den schlichten Namen »Kapelle am Alten Markt« trägt. Im Vergleich zur Vorgängerkapelle ist sie sehr klein, nur Jesus, Maria und einige Apostel haben darin Platz. Für die Sicherheit ist seitdem auch gesorgt: Ein massives Metallgitter schützt die Gruppe. Entworfen wurde das ansehnliche Kapellchen von dem Architekten August Menken, zu dessen Bauwerken auch die Rosenkranzkirche zählt.

Adresse Alter Markt, 53474 Bad Neuenahr | **ÖPNV** Ahrtalbahn, Haltestelle Bad Neuenahr | **Anfahrt** von der B 266 aus östlicher Richtung kommend Abfahrt Bad Neuenahr, dort auf die Ahr-Rotweinstraße, die zur Rathausstraße wird, dann der Kölner Straße folgen und links auf die Hauptstraße abbiegen, der Alte Markt liegt auf der linken Seite | **Tipp** Die »große Schwester« des Kapellchens, die neugotische Rosenkranzkirche in der nahen Telegrafenstraße, ist allein schon wegen ihres 60 Meter hohen Turms sehenswert.

41 Die Klimastation

Frische Luft vorhanden, Pächter gesucht

Der Kurgast – er war den Bad Neuenahrern schon immer wichtig. Und für die Gäste, denen die sowieso schon gute Luft des Ahrtals noch nicht gut genug war, gab und gibt es die weit außerhalb der Kreisstadt mitten im Hochwald gelegene Klimastation. Was sich anhört wie ein Forschungszentrum mit Meteorologen, Temperaturmessanlagen und Wolkenbeobachtungsturm, entpuppt sich beim Besuch als eine etwas in die Jahre gekommene Holzhütte, die sich noch dagegen wehrt, zum Lost Place zu werden.

Dabei war hier oben, zwischen Bad Neuenahr und dem schon zum Brohltal gehörenden Dorf Königsfeld, immer einiges los. Gäste wurden von der ehemaligen »Kur AG« zur Klimastation chauffiert, um flankiert vom Waldesrauschen auf bequemen Liegestühlen einmal durchzuatmen. Ein eigens abgestellter Mitarbeiter kümmerte sich um das Wohlergehen der Besucher. Die später an den Wochenenden bewirtete Hütte samt Theke und kleinem Biergarten lockte stets zahlreiche Wanderer an, die es sich bei Ahrwein, Kölsch, Kuchen, Schnittchen, Siedewürstchen und deftigem Eintopf gut gehen ließen. Lauffaule Gäste fuhren einfach mit dem Pkw bis zum Parkplatz und nahmen nur den kurzen Weg auf sich. Allerdings ist das Thema Bewirtung seit November 2017 – zumindest bislang – beendet. Seither wird für die weder ans Strom- noch ans Wassernetz angeschlossene, Anfang der 1950er Jahre erbaute Hütte ein neuer Pächter gesucht, der die Klimastation aus ihrem Dornröschenschlaf erweckt.

Für Wanderfreunde ist die Umgebung der Klimastation dennoch ein Eldorado, nicht nur wegen des nahen Ahrsteigs, einem der Top-Wanderwege Deutschlands, sondern auch wegen weiterer attraktiver Ziele wie dem Steckenbergturm in unmittelbarer Schlagdistanz. Und dann ist da ja noch der neben der Klimastation beginnende »Steingarten Steckenberg«, der mit verschiedenem Gestein indes ebenso patiniert daherkommt wie die einstmals so lebendige Hütte.

Adresse Wanderparkplatz an der L 83 (Bad Neuenahr in Richtung Königsfeld), 53474 Bad Neuenahr | **Anfahrt** von Bad Neuenahr aus über die L 83 Richtung Königsfeld, nach circa sechs Kilometern liegt rechts der Parkplatz, von dort fünf Minuten zu Fuß | **Tipp** Nur wenige Kilometer entfernt befindet sich der Ort Königsfeld mit seinem sehenswerten historischen Dorfkern.

42 Der Skulpturenweg

Ein Sitzplatz im »Ohr des Dionysos«

Kennen Sie das »Fragment«, den »Großen Philosophen« oder »Das Ohr des Dionysos«? Was zunächst etwas wirr und zusammenhanglos klingt, verläuft mehr oder weniger mitten durch Bad Neuenahr und ist der nördlichste Teil des »Skulpturenwegs Rheinland-Pfalz«. Auf einer rund 1,5 Kilometer langen Strecke, beginnend im Dahliengarten über den Kurpark bis hin zum Thermal-Badehaus, sind auf dem Bad Neuenahrer Skulpturenweg zehn Kunstwerke – allesamt aus Riedener Tuffstein geschaffen – versammelt.

Drei bis zehn Kubikmeter groß und tonnenschwer waren die Rohlinge, aus denen im Jahr 2002 die Skulpturen entstanden. Optisch ist so ziemlich alles dabei, von schwerfällig-klobig über verspielt-phantasievoll bis zu mystisch-rätselhaft. Verantwortlich hierfür waren zehn namhafte Bildhauer. Das Werk »L'un et l'autre« (Thermal-Badehaus) von Bertrand Ney erinnert an ein ungleiches Paar, der »Engel« (Kurpark) von Georg Ahrens erschließt sich hingegen erst auf den zweiten Blick. Ebenfalls im Kurpark finden sich das »Fragment« von Martine Andernach, »Bewegung« von Willi Bauer, »Licht-Fenster« von Ljubo de Karina, »Großer Winkel« von Christoph Mancke und »Das Ohr des Dionysos« von Friedhelm Pankowski. Letzteres ist ein überaus beliebtes Fotomotiv, können doch – zumindest recht schlanke – Personen im Gehörgang des Gottes Platz nehmen. Die Kunst aus Eifler Vulkangestein bietet dabei Ein- und Ausblicke, wie beispielsweise bei »Das Bekannte und das Unbekannte« (Dahliengarten) von Ingbert Brunk. Nach vorne geht der Blick zur Ahr, nach hinten zum Garten. Abgerundet wird der Skulpturenweg durch »Großer Philosoph« von Karl-Heinz Deutsch und »Tra luce e buio« von Maria Claudia Farina (beide Dahliengarten). Alle Skulpturen entstanden innerhalb von fünf Wochen auf der Ahrwiese an der Landgrafenstraße, die sich während dieser Zeit in ein staubiges Freiluftatelier verwandelte.

Adresse Thermal-Badehaus (Kurgartenstraße), Kurpark, Dahliengarten, 53474 Bad Neuenahr | **ÖPNV** Ahrtalbahn, Bahnhof Bad Neuenahr, von dort circa 20 Minuten zu Fuß | **Anfahrt** von der Telegrafenstraße oder Lindenstraße auf die Kurgartenstraße, dort den rund 20-minütigen Kulturspaziergang beginnen | **Tipp** Nach dem Verlassen des Dahliengartens ist es nicht mehr weit bis zur 1869–1871 erbauten Hemmesser Kapelle (Sebastianstraße / Ecke Uhlandstraße), die von einer schattenspendenden alten Linde flankiert wird.

43__ Der Trimm-dich-Pfad
Erst robust, dann morsch, schließlich modern

Die Definition ist ganz leicht: »Ein Trimm-dich-Pfad ist ein Rundkurs, bei dem sich etwa alle 200 Meter ein einfaches und robustes Turngerät befindet.« Die Idee, einen solchen sportlichen Pfad zu jedermanns Nutzung zu errichten, entstammt der populären Trimmdich-Bewegung der 1970er Jahre. Auch Bad Neuenahr bekam damals einen Rundkurs, und einige Jahre später sah man ihm die Entstehungszeit deutlich an. Eher morsch als robust, dazu ziemlich bemoost präsentierten sich die Gerätschaften des im Wald gelegenen Trimm-dich-Pfads. Somit bot sich den sportaffinen Neuenahrern eher ein Parcours mit zweifelhaftem Charme als ein idealer Ort für den Breitensport.

Doch es gab Licht am Sporthorizont. Im Winter 2015/16 hat die Stadtverwaltung das Gelände nahe dem 340 Meter hohen Neuenahrer Berg auf Vordermann gebracht. Seitdem trägt der Trimm-dich-Pfad ganz modern die Bezeichnung »Outdoor Fitness Gym«. Den ursprünglichen Charme hat sich der Weg erhalten, er ist aber nicht nur optisch aufpoliert worden.

Neben einer neuen Beschilderung laden seither neue Sportübungen wieder auf ansprechende Art zur Bewegung ein. Beim Froschhüpfen trainiert man die Koordination, beim Liegestütz wird die Kraft gefördert, und die Ausdauer kann beim Treppenlaufen erhöht werden. Mittlerweile hat der Neuenahrer Pfad eine recht große Fangemeinde. In einschlägigen Sportlerforen lobt mancher ihn sogar als einen der schönsten in Deutschland. Der knapp 2,1 Kilometer lange Pfad bietet nicht nur Sportfans ein Erlebnis. Der Weg ist ideal für einen Spaziergang im heimischen Wald, und das gilt insbesondere für diejenigen Besucher, die sich überdies auch körperlich betätigen möchten.

Übrigens: Wer vorab wissen möchte, welche sportlichen Herausforderungen ihn erwarten, kann sich auf YouTube Videos anschauen, in denen jede Übung im Detail vorgeturnt wird.

Adresse Königsfelder Straße, 53474 Bad Neuenahr | **Anfahrt** von der Ortsmitte Bad Neuenahr / Ahrweiler über die L 83 zur Paradieswiese, kurz vor dem Ortsausgang in Richtung Königsfeld rechts abbiegen in Königsfelder Straße | **Tipp** Gleich neben dem Trimm-dich-Pfad liegt die Paradieswiese mit Schutzhütte und Grillplatz. Nicht weit entfernt befindet sich zudem der Waldkletterpark.

44__ Der UNICEF-Brunnen

Symbol für ein wertvolles Gut

Zugegeben, es gibt sicherlich ruhigere und für das Auge wohltuendere Orte als den im Zentrum von Bad Neuenahr stehenden UNICEF-Brunnen. Direkt im Verkehrskreisel, wo Rathausstraße und Kölner Straße zusammentreffen, gelegen, ist es hier vor allem tagsüber wegen des hohen Verkehrsaufkommens sehr belebt. Der Betriebsamkeit zum Trotz ist der UNICEF-Brunnen im Laufe der Jahre ein wenig in Vergessenheit geraten. Er steht zwar da – aber das war es dann auch schon. Nur wenige Passanten nehmen bewusst von ihm Notiz und eilen in der Regel hastig vorbei.

Das eigenwillige Brunnen-Kunstwerk hat hier schon seit 2003 seinen Platz, feierte doch in jenem Jahr UNICEF, das Kinderhilfswerk der Vereinten Nationen, sein 50-jähriges Bestehen. In seiner Eigenschaft als Patenstadt des Hilfswerks war Bad Neuenahr-Ahrweiler an zahlreichen Spendenaktionen und UNICEF-Events beteiligt. Als bleibende Erinnerung an dieses Jubiläumsjahr schuf der Künstler Stephan Maria Glöckner den Brunnen, der auf den ersten Blick etwas futuristisch-kalt und abweisend wirkt, sich dem Betrachter aber bei genauem Hinsehen erschließt. So symbolisiert die Flaschenform die uralte Verbindung der Kreisstadt mit Wasser und Wein. Außerdem stand das Thema »Wasser« auch im UNICEF-Jubiläumsjahr besonders im Fokus. Hinzu kommen drei Säulen für die historischen Neuenahrer Ortsteile Wadenheim, Beul und Hemmessen mit dem sprudelnden Element Wasser im Mittelpunkt. Darüber thront eine große blaue Kugel, die wegen ihres massiven Metallanteils sogar schon gestohlen wurde und unter großem Aufwand ersetzt werden musste. Der UNICEF-Brunnen soll nicht zuletzt zum Nachdenken und zur Nachhaltigkeit anregen: »Der Brunnen soll uns auch ermahnen, dass gerade unser regionaler Reichtum an Wasser, einem immer wertvoller werdenden Gut, nicht selbstverständlich ist«, sagte Stephan Maria Glöckner im Rahmen der Brunnen-Einweihung.

Adresse im Verkehrskreisel Rathausstraße / Kölner Straße, 53474 Bad Neuenahr | **ÖPNV** Ahrtalbahn, Bahnhof Bad Neuenahr, von dort circa zehn Minuten zu Fuß | **Anfahrt** von der Heerstraße oder der Hauptstraße in die Kölner Straße einbiegen, dann stößt man direkt auf den Brunnen | **Tipp** Nur wenige 100 Meter vom UNICEF-Brunnen entfernt (Hauptstraße 83) befindet sich mit dem »Moses« das einzige große Kaufhaus im Ahrtal.

45__Die Wadenheimer Wetterstation

Vollendete Tatsachen am Ahrufer

Erst im 19. Jahrhundert wurde aus den drei Dörfern Wadenheim, Beul und Hemmessen die »Gemeinde Neuenahr«. 1927, nach staatlicher Anerkennung der Heilquellen, kam der Beiname »Bad« hinzu. Auch wenn die genannten Dörfer damit verschwunden sind, halten drei Bürgergesellschaften die Erinnerung an die historischen Ortsteile von Bad Neuenahr wach. Eine dieser Gesellschaften ist die 1990 gegründete »Bürgergesellschaft Wadenheim«. Mehr als zwei Jahrzehnte lang war Horst Velten als Vorsitzender die treibende Kraft des Vereins und ist auch heute als Ehrenvorsitzender noch sehr aktiv. Den Vorsitz hat inzwischen Wilfried Sommer übernommen. Viele Projekte haben die Wadenheimer seither in ihrem »Veedel« realisiert, von Schriften zur Neuenahrer Historie über die Aufstellung der berühmten Skulpturen »Hendrech und Jösef« bis hin zur umfassenden Sanierung der Kreuzigungsgruppen-Kapelle auf dem Alten Markt vor dem Kaufhaus »Moses«.

Auch Humor und Originalität kommen in Wadenheim, dessen altüberlieferte »Grenzen« sich im Zentrum des heutigen Bad Neuenahr befinden, alles andere als zu kurz. Ein sichtbarer Beleg dafür ist die direkt am linken Ahrufer gelegene »Wadenheimer Wetterstation«. Wer jetzt jedoch Thermometer, Hygrometer oder andere Wetterinstrumente erwartet, sieht sich getäuscht. Mit einem großen Findling wird der Besucher vor vollendete Tatsachen gestellt, entpuppt sich der Stein doch als wahrer Wetter-Alleskönner. Ein angebrachtes Schild bringt es kurz und knapp auf den Punkt: Stein nass = Regen, Stein weiß = Schnee, Stein schwankt = Erdbeben, Stein bewegt sich = Sturm, Stein ist nicht sichtbar = Nebel, Stein wirft Schatten = Sonnenschein, Stein dampft = Hitze nach Regen, Stein steht unter Wasser = Hochwasser, Stein ist verschwunden = Stein wurde geklaut.

Wadenheimer Wetterstation

Wenn der Stein nass ist		Regen
Wenn der Stein weiß ist		Schnee
Wenn der Stein schwankt		Erdbeben
Wenn der Stein sich bewegt		Sturm
Wenn man den Stein nicht sieht		Nebel
Wenn der Stein Schatten wirft		Sonnenschein
Wenn der Stein dampft		Hitze nach Regen
Wenn der Stein unter Wasser steht		Hochwasser
Wenn der Stein weg ist		wurde er geklaut

Adresse Georg-Kreuzberg-Straße, 53474 Bad Neuenahr | **ÖPNV** Ahrtalbahn, Bahnhof Bad Neuenahr, von dort circa 25 Minuten zu Fuß | **Anfahrt** auf der Telegrafenstraße in die Georg-Kreuzberg-Straße einbiegen und ihr circa 100 Meter folgen | **Tipp** Direkt auf der anderen Ahr-Seite befindet sich der traditionsreiche Kurpark von Bad Neuenahr, der nicht nur mit einer faszinierenden Parkanlage, sondern auch mit zahlreichen Events lockt.

46 Der Schmetterlingsgarten

Tropische Tier- und Pflanzenwelt an der Ahr

Fällt der Name Blankenheim, denken die meisten sicher zuallererst an die Ahrquelle, aber auch an das Eifelmuseum, den historischen Ortskern oder die Burg Blankenheim. Wer verbindet schon feuchtschwüle Wärme, exotische Tiere und tropische Pflanzen mit einer Region wie der Eifel? Doch genau solch ein Regenwald-Biotop kann man hautnah erleben im Eifalia Schmetterlingsgarten. Das kleine, von außen relativ unscheinbare Tropenparadies liegt am Ufer der hier noch recht schmalen Ahr im Blankenheimer Ortsteil Ahrhütte. Allerdings geht es im Eifalia nicht nur um die Fauna und Flora ferner Länder. Im Außenbereich mit großem Insektenhotel, einem Bienenschaukasten sowie dem »Pavillon für einheimische Raupen und Blütengäste« erfährt der Besucher, was an der Ahr so alles kriecht und fliegt. Die Schmetterlingsinsel mitsamt botanischem Garten lädt mit ihren vielen Pflanzen und den Kunstinstallationen vor allem im Sommer zum gemütlichen Verweilen ein.

Wer das Gebäude des Schmetterlingsgartens betritt, gelangt über einen kleinen Empfangsraum in die Welt der feuchtwarmen Tropen, durch die ein Rundkurs führt. Palmenartige Gewächse und Schlingpflanzen strecken sich bis zur Decke, und farbenfrohe Blüten erfreuen das Auge des Betrachters. Hier leben mehr als 35 Arten tropischer Schmetterlinge. Sie fliegen umher, sitzen auf Blumen, Blättern und Futterstellen oder nehmen auch mal auf den Besuchern Platz. Ein Schaukasten erklärt anschaulich die faszinierende Metamorphose vom Ei über die Raupe zur Puppe und schließlich zum Schmetterling. Zur Eifalia-Tierwelt gehören auch Schildkröten, Leguane und Vögel, die die Anlage zusätzlich bereichern. Wer gerne Tiere fotografiert, für den ist der Park ein wahres Eldorado. Im Shopbereich gibt es neben schönen Souvenirs für Schmetterlingsfans auch Getränke und Snacks. Besonders zu empfehlen: Waffeln mit Vanilleeis und heißen Kirschen!

Adresse Am Hammerwerk 2, 53945 Blankenheim-Ahrhütte, www.eifalia-schmetterlingsgarten.de | **Anfahrt** die Straße Am Hammerwerk ist eine Nebenstraße der B 258, die von Adenau aus gut über die L 10 zu erreichen ist | **Öffnungszeiten** Schmetterlingsgarten: 18. März–30. April 11–16 Uhr, 1. Mai–30. Sept. 10–17 Uhr, 1. Okt.–12. Nov. 11–16 Uhr; botanischer Garten: 1. Mai–1. Okt. täglich geöffnet; Eintritt: Erwachsene 6,50 Euro, ermäßigt 5,50 Euro, Kinder unter drei Jahren frei | **Tipp** Im nur wenige Kilometer entfernten Hauptort Blankenheim (An der Ahrquelle) kann man die jederzeit frei zugängliche Quelle der Ahr besichtigen.

47 Die alten Ortsteile mit der Räucherwehr

Einsatztruppen einer längst vergangenen Zeit

Haardte, Kiere, Ortesse, Baache und Patt Nöcke sind klingende Namen in Ahrtaler Platt und bezeichnen die historischen Ortsteile von Dernau. Ihren Ursprung haben diese Gemeinschaften in einer Winzertechnik, die heute weitestgehend unbekannt ist: dem Räuchern der Weinberge. Die erwähnten Dernauer Gemeinschaften waren Räucherwehren, die sich im 19. Jahrhundert formierten und in Trupps, sogenannten Rotten, zusammenschlossen. Ihre Aufgabe bestand darin, mittels Erzeugung von Rauch die Weinberge vor Frost zu schützen. Das Verfahren kam vor allem im April und Mai zum Einsatz, wobei die Eisheiligen Mitte Mai besonders gefürchtet waren. Schließlich war Frost tödlich für die austreibenden Weinreben. So sollte Rauch die Kälte abhalten, indem der Himmel künstlich verdunkelt wurde. Dieses »Klima-Engineering« hatte eine grauenhafte CO_2-Bilanz: Verbrannt wurde alles, was qualmte, also nicht nur Holz, sondern auch Teer und später sogar Autoreifen.

Derartige Räucherwehren gab es nicht nur in Dernau, sondern an der ganzen Mittelahr. Es wurden Meldedienste eingerichtet, und wo es kein Telefon gab, musste ein Fahrradkurier los, um andere Winzer vor Frost zu warnen. Es gab sogar bemannte Wachstuben. Das Räuchern war durchaus effektiv, weshalb bis in die späten 1950er gefackelt wurde, was das Zeug hielt. Die Tradition der Räucherwehren wird in Dernau lebendig gehalten. Aus den Rotten sind Dorfgemeinschaften geworden, die großes Engagement für ihre »Quartiere« zeigen. Die »Kiere« beispielsweise hat sich so sehr für den Erhalt ihres Matthias-Heiligenhäuschens eingesetzt, dass sogar der Landrat des Kreises Ahrweiler, Dr. Jürgen Pföhler, darauf aufmerksam wurde und den Bürgern einen Zuschuss für ihr Unternehmen bewilligte. Außerdem findet jedes Jahr ein Fußballturnier, der Esels-Cup, statt, bei dem die Teams der historischen Ortsteile gegeneinander antreten.

Adresse Matthias-Heiligenhäuschen, Burgstraße, 53507 Dernau | **ÖPNV** Ahrtalbahn, Haltestelle Dernau | **Anfahrt** von der B 267 in die Bungertstraße, dann links in die Burgstraße abbiegen | **Tipp** Gerade zum St.-Martins-Fest zeigt sich die beständige Aktivität der heutigen Dorfgemeinschaften: So entzünden sie in den Weinbergen imposante Martinsfeuer.

48__ Die Esels-Skulptur in der Dorfmitte

»Äsel« ist kein Schimpfwort

Wird man von seinen Mitmenschen als »Esel« bezeichnet, ist dies meist keine Sympathiebekundung. Die Bewohner Dernaus hingegen haben damit kein Problem. Im Gegenteil: Dort ist man geradezu stolz darauf, nach dem sturen Vierbeiner, mundartlich »Äsel«, benannt zu sein.

Der Begriff stammt aus der Zeit nach dem Ersten Weltkrieg. Wie in so vielen Dörfern und Städten der Ahr gab es nach dem Krieg Reparaturbedarf. Die französischen Truppen, die zu Weltkriegsende Dernau erreichten, hatten natürlich auch schweres Gerät dabei, das bewegt werden wollte. Dazu setzten sie neben den Pferdezugwagen auch andere Lasttiere ein, darunter viele Esel. Nach dem Krieg gingen die Franzosen, und die Esel blieben zurück. Und das in hoher Stückzahl. Überall bevölkerten die Tiere die Wege und Hänge und blieben auf Jahre hin prägend für das Bild Dernaus. Für die Bewohner der umliegenden Dörfer war klar: Sobald ein Esel gesichtet wurde, musste der aus »Dearne« stammen, wie die Einheimischen ihr Dorf noch heute nennen. Außer beim Bau des 1927 errichteten Krausbergturms gab es kaum Einsatzmöglichkeiten für die Tiere. Denn die Dernauer Weinberge waren zu steil und die Esel bei der herbstlichen Traubenlese keine große Hilfe.

Heute ist man sehr stolz auf den »Äsel«. Davon zeugt die marmorne Skulptur in der Dorfmitte, die im Jahr 2010 aufgestellt wurde. Bis auf die Ohren befindet sich der Esel noch im Originalzustand. Die hatten Übermütige bei einem rauschenden Winzerfest abgeschlagen. Sie mussten von einem Steinmetz ersetzt werden. Dies geschah bereits zwei Mal in der Geschichte der Skulptur.

Zahlreiche Straußwirtschaften in der »Esels-Peripherie« bieten eine Möglichkeit zur Entschleunigung und zum »Klaaf«, also dem zwanglosen Gespräch, mit den Dernauern.

Adresse Dorfmitte, 53507 Dernau | **ÖPNV** Ahrtalbahn, Haltestelle Dernau | **Anfahrt** von der B 267 aus Richtung Bad Neuenahr-Ahrweiler oder Adenau kommend den Schildern zum Bahnhof folgen (Parkmöglichkeiten vorhanden), von dort wenige 100 Meter zu Fuß | **Tipp** Ein Trip nach Dernau lohnt sich immer. Es gibt erstklassige Restaurants, Weinstuben und einen Campingplatz.

49__ Das Kreuz des Peter Joseph Sebastian

»Ein Opfer seines Mutes«

Freude und Tragik – sie liegen nicht selten dicht beieinander. Eine Tatsache, die dem aufmerksamen Zeitgenossen auch an der Dernauer Schmittmannstraße, unweit des Winzerfestplatzes und der Bahngleise, bewusst wird. Denn da, wo beim Winzerfest, Weinfrühling oder Junggesellenfest Tausende Menschen gut gelaunt feiern, ereignete sich im November 1828 ein furchtbares Unglück, das in Form eines Gedenkkreuzes bis heute seine Spuren hinterlassen hat. Die nahe Ahr, seit Jahrhunderten für ihre Hochwasser gefürchtet und deshalb zu Recht den Beinamen »Wilde Tochter des Rheins« tragend, war auch an jenem schicksalhaften Novembertag bedrohlich weit aus ihrem Bett getreten.

Fast genau an der Stelle, wo heute das Gedenkkreuz steht, befand sich Anfang des 19. Jahrhunderts die inzwischen praktisch vergessene zweite Dernauer Ahrbrücke – eine einfache Holzkonstruktion. Die heutige steinerne »Weinbaubrücke«, die unter anderem zur »Dagernova Weinmanufaktur« führt, wurde erst um 1870/1880 gebaut. Als die Holzbrücke den reißenden Fluten zum Opfer zu fallen drohte, versuchte der 51-jährige Peter Joseph Sebastian zu retten, was noch zu retten war. Vor allem die wertvollen Tragerohre wollte der sechsfache Familienvater in Sicherheit bringen. Beim Versuch, die entsprechenden Elemente loszureißen, zog ihn das Gewicht des Materials in die tückische Strömung. Peter Joseph Sebastian konnte sich nicht mehr retten und ertrank. Sein Leichnam wurde später flussabwärts gefunden und auf dem Dernauer Friedhof unter großer Anteilnahme der Bevölkerung beigesetzt. »Als Opfer seines Mutes fand hier Pet. Jos. Sebastian den Tod in den hochgehenden Fluten der Ahr«, ist auf dem hölzernen Gedenkkreuz zu lesen. Und die bei vielen Menschen in Dernau schon immer enge Verbundenheit zum Wein drückt sich durch die im Kreuz eingeschnitzten Trauben aus.

Nov. 1828

Als Opfer seines Mutes fand hier Pet. Jos. Sebastian den Tod in den hochgehenden Fluten der Ahr

Adresse Schmittmannstraße, 53507 Dernau (Nähe Winzerfestplatz unweit der Bahn-
schienen) | **ÖPNV** Ahrtalbahn, Haltestelle Dernau, von dort circa zehn Minuten zu Fuß |
Anfahrt das Kreuz steht direkt an der B 267, die durch Dernau führt | **Tipp** Nur wenige
Meter vom Gedenkkreuz entfernt befindet sich der Wander- oder (notfalls) Autoweg zum
»Krausberg«, einer urigen Hütte, die an Sonntagen vom örtlichen Eifelverein bewirtet wird
und über einen Aussichtsturm mit Blick bis zum Kölner Dom verfügt.

50__Das Mündungsgebiet des Adenauer Bachs

Der Bach, die Ziege und der Fahrradweg

In Dümpelfeld trifft sich die heilige Dreifaltigkeit des Ahrtals: Wasser, ein Rad- und Wanderweg und ganz viel Historie. Dort, wo der Adenauer Bach, der seine Quelle in Quiddelbach hat, nach rund 15 Kilometern Lauf in die Ahr mündet, ist ein sehenswertes Naturareal entstanden. Sitzbänke laden zum Entschleunigen inmitten der Natur ein. Gezeltet werden darf nicht, dies gebietet unmissverständlich ein Schild auf Deutsch und Englisch. Das hat einen gewissen Charme. Es ist in so holprigem Englisch gehalten, dass es jedem Muttersprachler ein wohlwollendes Grinsen abringen wird.

Das Mündungsgebiet und Dümpelfeld sind Heimat von Legenden. Die dortige Legende ist ganz gediegen und und kommt ohne Sensationslust daher. Im Mittelpunkt steht die Dümpelfelder Geiß, eine Ziege also, die sich irgendwo zwischen der St.-Cyriakus-Kirche und der Ahr friedlich am Gras labte. Ein Wolf erschien, und die Geiß riss sich mitsamt Seil und Pflock los und flüchtete geradewegs ins Gotteshaus. Nach einer Verfolgungsjagd rund um den Altar rannte die Geiß wieder ins Freie, doch der Pflock verkeilte sich unter der Tür, und die Ziege zog sie hinter sich zu. So war die Geiß gerettet, während der Wolf in der Kirche gefangen war. Selbstverständlich ist in manch dunklen Nächten sein Gejaule immer noch zu hören, wie erzählt wurde.

Der Ort zeigt sich heute als Mix aus Historie und Moderne. Das Mündungsgebiet ist ein wichtiger Knotenpunkt für Radfahrer. Denn dort geht die 67 Kilometer lange Vulkan-Rad-Route Eifel über in den Ahr-Radweg und stellt so eine Verbindung zwischen den drei bei Touristen beliebten Regionen Vulkaneifel, Ahr und Rhein her. Früher war der Ort übrigens eine wichtige Station an der längst stillgelegten Bahnstrecke Ahrweiler–Altenahr–Adenau. In der Umgebung zeugen viele Viadukte und Brücken von der Zeit, als an der Oberahr noch die Loks dampften.

Adresse Ahrstraße, 53520 Dümpelfeld | **Anfahrt** von der B 257 kommend zuerst auf die L 73 und dann auf die Ahrstraße | **Tipp** Auch die Pfarrkirche St. Cyriakus, die aus dem 13. Jahrhundert stammt, ist einen Abstecher wert.

51 Das Ommelbachtal
Nachbarschaft aus Luxus und Lost Places

Fährt man von Ahrweiler über die Landstraße nach Adenau, geht es nach 22 Kilometern links ab. Dort ist das Ommelbachtal, benannt nach dem dort fließenden Bach, in dem es ein Wohngebiet gibt, wie man es sicher nur selten findet. Die Häuser stehen großzügig voneinander entfernt, es gibt kaum Verkehr. Sogar die Müllabfuhr hat die Versuche aufgegeben, die steile Straße mit ihren Fahrzeugen zu erobern. Es herrscht absolute Stille, denn auch die sonst im Ahrtal sehr präsenten Motorradfahrer verirren sich nicht hierher. Das Ommelbachtal ist ein Ort voller Kontraste. Neben gepflegten Wochenendhäusern und piekfeinen Wohnmobilen stehen uralte Trafohäuschen, akkurat angelegte Vorgärten grenzen an verwilderte Haine. Und hier und dort führen von Brennnesseln und Efeu überwucherte Schieferstufen zu Gebäuden, die längst verlassen sind. So hat sich das sehenswerte Tal zu einem Anzugspunkt für Abenteurer oder Geocacher entwickelt. Die Spurensuche ist nicht ungefährlich. Manche Stufen sind durch Frost und Hitze gesprungen und liegen ohne Halt als Trümmer aufeinander, und an alten Geländern blättert Lack ab.

Der zweite Reiz des Ommelbachtals ist seine Lage inmitten einer eher unberührten Natur. Der Bach ist weitestgehend naturbelassen und derart von Wildpflanzen überwuchert, dass man das Wasser vielerorts eher hört als sieht. Das kleine Bachtal ist ein Biotop für mittlerweile selten gewordene Insektenarten wie Libellen und Schmetterlinge, aber auch Amphibien.

Hat man das Ende der langen und kurvigen Straße durch das Tal schließlich erreicht, bietet sich ein phantastischer Ausblick über Kornfelder, Hügel und Dörfer, die von dunklen Laub- und Nadelwäldern flankiert werden. Ein Kuriosum in Sachen moderner Technik: Im Wald des Ommelbachtals gibt es sogar Empfang für das Handy, während im bebauten Bereich weitestgehend Funkstille herrscht.

Adresse Ommelbachstraße, 53520 Dümpelfeld | **Anfahrt** B 257, genau zwischen Liers und Dümpelfeld geht die Ommelbachstraße ab | **Tipp** Ein weiterer Hotspot in Dümpelfeld ist die Teufelsley, eine bizarre Felsformation aus Quarzit.

52 Das Winzerhäuschen

Die Seele baumeln lassen

Nein, um im Ahrtal bei Spätburgunder, Weißherbst, Käsewürfeln und Schmalzbroten mitten in den Weinbergen die Fernsicht zu genießen, muss man sich nicht auf dem kilometerlangen Rotweinwanderweg Blasen laufen. Recht bequem und vor allem ziemlich flott ist das auf dem Ehlinger Berg gelegene Winzerhäuschen zu erreichen. Die Straußwirtschaft wird vom Heimersheimer Weingut Linden betrieben, und der Gast sitzt tatsächlich zwischen den Reben, deren Wein er beim Genießen des Panoramablicks verinnerlicht. Besonders begehrt sind die Terrassenplätze rund um das urige Holzhaus, wo irgendwie die Zeit stehen geblieben zu sein scheint. Hier kann man die Seele baumeln lassen, man vergisst den obligatorischen Blick aufs Smartphone, und selbst die in der Ferne zu erkennende Autobahn stört nicht. Wer zufällig zum Abschluss des Heimersheimer Weinfestes am Winzerhäuschen weilt, kann sich das Feuerwerk von echten Logenplätzen aus ansehen.

Als Straußwirtschaft werden Lokale bezeichnet, die nicht ganzjährig, sondern nur zu bestimmten Zeiten geöffnet haben. Die Winzerhäuschen-Saison beginnt immer am Karfreitag und endet am letzten Oktoberwochenende. Neben den oben erwähnten Speisen und Getränken werden auch hausgemachte Blut- und Leberwurst, Dauerwurst, Salzgebäck und alkoholfreie Drinks angeboten. Alte Bäume und weinberankte Lauben sorgen im Sommer für angenehmen Schatten, und auf der angrenzenden Wiese mit Spielgeräten können Kinder nach Herzenslust herumtollen. Liebevoll familiär werden die Gäste vom Ehepaar Herbert und Aloysia Linden bewirtet, deren Winzerhäuschen wie eine Mischung aus Almhütte und kleinem Holzblockhaus daherkommt – urig, alternativ und keineswegs verstaubt. Und wer nach einer Stärkung doch noch ein Weilchen laufen möchte, der kann den nahen Wald unsicher machen oder über einen der zahlreichen Wanderwege durch die beschaulichen Weinberge flanieren.

GEÖFFNET
Mittwoch–Samstag ab 14 Uhr
Sonntag   ab 11 Uhr

Adresse 53474 Ehlingen | **Anfahrt** Von Ehlingen aus geht es den unübersehbaren
»Ehlinger Berg« hinauf, wo nach circa 15 Fußminuten das ausgeschilderte Ziel erreicht ist. |
Öffnungszeiten Ostern–letztes Oktoberwochenende Mi–Sa ab 14 Uhr, So ab 11 Uhr |
Tipp Alljährlich Ende Juni/Anfang Juli findet in Ehlingen am historischen Backhaus im
Dorfkern das »Ehlinger Backesfest« mit Spezialitäten aus dem uralten Ofen statt.

53 Die Windmühle

Mehlproduktion an der »AFH«

Die Fritzdorfer Windmühle hat in diesem Buch ein Alleinstellungs-
merkmal, liegt sie doch als einziger Ort in Nordrhein-Westfalen.
Das hört sich akustisch irgendwie nach verdammt weit weg vom
Ahrtal an – ist es aber nicht. Kurz die Grafschaft hoch bis Ringen,
von wo aus es nur noch wenige 100 Meter bis zur Windmühle sind.
Die Ahrberge sind hier in greifbarer Nähe, auch wenn die Umgebung mit den vielen Obstplantagen typisch für die Grafschaft ist.
Da passt die direkte Lage an der »Apfel-Route« perfekt. Die Wege
zur Windmühle sind abgelegen, aber gut ausgebaut und somit ideal
für Radfahrer, Wanderer und notfalls auch Pkw-Nutzer. Weitaus
älter als die »Apfel-Route« ist die im frühen Mittelalter entstandene
»Aachen-Frankfurter-Heerstraße« (AFH), die ebenso in direkter
Nähe verläuft und etliche Entdeckungen bereithält. Die Ritter der
in Sichtweite befindlichen Tomburg kontrollierten den Strecken-
abschnitt.

Die Ursprünge der Fritzdorfer Windmühle reichen ebenfalls bis
ins Mittelalter zurück, sie gehörte dem Kollegiatstift Münstereifel.
Die heutige Mühle wurde 1842 von dem aus Westfalen stammenden Müller Julius Robrecht nach holländischem Vorbild mit dreh-
barer Haube und zwei Mahlgängen erbaut. 1894/1895 endete die
Mehlproduktion, 14 Jahre später wurden Wohnhaus und Wirtschaftsgebäude niedergelegt. Als dem Turm Ende der 1970er
Jahre der Verfall drohte, erfolgten umfangreiche Sanierungsarbei-
ten. Die einst beeindruckenden Flügel sind längst verschwunden,
aber die riesigen Mühlsteine können auf dem Vorplatz besichtigt
werden, eine großzügig bebilderte Informationstafel berichtet von
der Windmühle ebenso wie von der Aachen-Frankfurter-Heerstraße. Inzwischen ist die Gemeinde Wachtberg für die Fritzdorfer
Windmühle zuständig, die zu den wenigen erhaltenen Windmüh-
len der Region zählt und für private Feierlichkeiten gemietet werden kann.

Adresse Windmühlenstraße, 53343 Fritzdorf | ÖPNV DB RegioBus, Linien 848, 853, 857 |
Anfahrt aus Fahrtrichtung Ringen / Beller (L 79) auf die Joseph-von-Fraunhofer-Straße,
dann auf die Heinrich-Lanz-Straße, die in die Windmühlenstraße mündet | Tipp Fritzdorf
ist ein stark vom Obstanbau geprägtes Dorf. Bei mehreren Bauern im Ort können frische
Äpfel, Birnen und Beeren direkt vom Erzeuger erworben werden.

54 Die alte Ölmühle

Vom Feld gleich in den Eimer

Töpfe, Flaschen, Eimer und Schüsseln: Kein Behältnis war ungeeignet, um das flüssige Gold abzuzapfen. Gemeint ist das Rapsöl der Ölmühle in Green, dem mit Abstand kleinsten Stadtteil von Bad Neuenahr-Ahrweiler. Denn eine richtige Abfüllanlage hatte das halbe Dutzend Männer nicht, das bis 1971 aus dem Raps das Öl presste. An Nachfrage herrschte kein Mangel: Das hochkalorische Öl war ein begehrtes Nahrungsmittel, vor allem in der Nachkriegszeit, als der Tauschhandel boomte. Damals gab es für zwölf Liter Öl einen ganzen Zentner Weizen.

Das damalige Rapsöl ist nicht mit dem Produkt vergleichbar, das man heute im Supermarktregal findet. Es war nicht raffiniert und hatte einen hohen Wasseranteil. Deshalb spritzte es ordentlich beim Erhitzen in der Pfanne und roch auch nicht sehr angenehm. Aber der Geschmack muss einzigartig gewesen sein. Der Gedanke an in Rapsöl ausgebackene Reibekuchen ist für manchen Greener auch heute noch Nostalgie pur.

Wann genau in der Mühle zum ersten Mal Raps gepresst wurde, weiß auch der heutige Bewohner Bernd Dernbach nicht. Es muss irgendwann Ende des 15. Jahrhunderts gewesen sein, da man in den 1970er Jahren das 500. Jubiläum feierte. Der Grund für die Schließung der Mühle war der zunehmende Konkurrenzdruck. Industrielle Hersteller importierten in großem Umfang Sojabohnen und machten daraus Öl. Das war in den 1960ern und 1970ern ziemlich angesagt, weshalb die Nachfrage nach Rapsöl sank. Die Spuren der einstigen Ölproduktion sind jedoch bis heute sichtbar. Die Nikolas-Bahles-Straße, benannt nach dem Großvater Bernd Dernbachs, wirkt inzwischen wie ein kleines Freilicht-Mühlen-Museum. Dort stehen der alte Kollergang, knarzige Holzmühlen und sogar das Grabkreuz des Herrn Bahles. Dernbach selbst, längst im Rentenalter, presst kein Öl, sondern hat sich auf die Herstellung von Meisenknödeln verlegt. Als Beschäftigungstherapie, wie er sagt.

Adresse Nikolas-Bahles-Straße, 53474 Green | **ÖPNV** Ahrtalbahn, Haltestelle Heimersheimer Bahnhof | **Anfahrt** von der B 266 in Heimersheim auf die Kloster-Prüm-Straße, die zur Ehlinger Straße wird, vor dem Ortsausgang Richtung Ehlingen auf die Ernst-Thrasolt-Straße, an deren Ende die Nikolaus-Bahles-Straße abgeht | **Tipp** Im nahen Ehlingen findet sich mit der alten Schule ein Gebäude, das den kulturellen Mittelpunkt bei vielen Festen des Dorfes bildet.

55 Die Göppinger Straße / Rüstringer Straße

Patenschaften für den Weinabsatz

Es waren keine einfachen Zeiten für die Ahrtal-Winzer Anfang des 20. Jahrhunderts. Die allgemeine Mobilität war noch nicht weit genug fortgeschritten, um den Wein in großen Mengen in entferntere Regionen zu verkaufen. Winzerfeste und Weinmärkte gab es ebenso wenig wie vielfältige Werbemöglichkeiten, und die »normale« Bevölkerung konnte sich Wein in der Regel nur zu besonderen Anlässen leisten. Es gab sogar Winzer, die ihr Produkt mittels handgezogenem Karren zu Märkten nach Bonn oder gar Köln transportierten. Dabei konnte es durchaus vorkommen, dass ein Teil der wertvollen Ladung schon als Wegzehrung draufging.

So kam man Anfang der 1930er Jahre auf die Idee, in Weinbauregionen sogenannte Weinpatenschaften mit überwiegend norddeutschen Städten ins Leben zu rufen. Anfangs noch auf freiwilliger Basis, wurden diese Patenschaften ab Oktober 1933 von den Nationalsozialisten verordnet. Die Etablierung der ersten Winzerfeste fällt ebenfalls in diesen Zeitraum. Der Weinabsatz stieg so tatsächlich, man verpasste es jedoch, nachhaltig in die Infrastruktur und den Tourismus zu investieren, was sich spätestens mit dem Beginn des Zweiten Weltkriegs 1939 allerdings sowieso mehr oder weniger erledigt hatte. Auf jeden Fall erhielt jeder Ahrweinort entsprechende Partnerstädte, die dann in den Genuss kamen, reichlich Ahrwein kaufen zu »dürfen«. Im Falle von Heimersheim waren dies Göppingen im heutigen Baden-Württemberg und Rüstringen im Land Oldenburg. Die Heimersheimer wussten die für sie zum Teil lebensnotwendige Weinabnahme überaus zu schätzen – so sehr, dass mit der Rüstringer Straße und der Göppinger Straße gleich zwei Straßen im Ort nach den Partnerstädten benannt wurden und bis heute deren Namen tragen. Längst sind die Weinpatenschaften Geschichte, doch dem Rebensaft huldigt man in Heimersheim immer noch.

Adresse Kreuzung Rüstringer Straße / Göppinger Straße, 53474 Heimersheim | **ÖPNV**
Ahrtalbahn, Haltestelle Heimersheim, von dort wenige Minuten zu Fuß | **Anfahrt** von der
B 266 auf Am Flachsmarkt, nach 300 Metern auf die Göppinger Straße biegen | **Tipp** Wer
die Göppinger Straße bis zum Ende geht, stößt auf die Pfarrkirche St. Mauritius aus dem
13. Jahrhundert. Hier sind unter anderem die ältesten Glasmalereien Deutschlands zu sehen.

56 Die Heimersheimer Skulpturen

Ein Dorf voller kleiner Meisterwerke

Heimersheim steht ebenso wie der große Nachbarort Ahrweiler für mittelalterliche Traditionen wie das historische Weinfest und erstklassige Weine. Weitgehend unbekannt sind dagegen die kleinen Skulpturen aus Stein und Metall, die von der Geschichte des Dorfes erzählen. Zum einen gibt es da den »Hohnde-Maat«. Und nein, »Hohnde« bedeutet im Dialekt nicht »Hunde«, sondern »Hühner«. Bis 1920 fand in Heimersheim regelmäßig ein Geflügelmarkt statt. Auf dem »normalen« Markt an der Pfarrkirche St. Mauritius durften aus hygienischen Gründen keine Hühner verkauft werden. Heute erinnert ein Metallkäfig mit einigen bronzenen Hühnern an der Ecke Mauritius- und Bachstraße an den besonderen Markt. Beim »Heimische Jromperefett« geht es um ein weiteres wichtiges Lebensmittel. Die Steinskulptur zeigt eine ältere Frau beim Kartoffelschälen. Das ist besonders: Als Christoph Kolumbus die Kartoffel nach Europa brachte, setzte sich die tolle Knolle zunächst nur sehr langsam durch. Einzig die Heimersheimer waren von Anfang an begeistert und zogen die Kartoffel dem zuvor tagaus, tagein verzehrten Hirsebrei vor. Das wirkte auf die Bewohner der umliegenden Ortschaften wohl etwas befremdlich, weshalb die Heimersheimer auch heute noch mit der Kartoffel in Verbindung gebracht werden.

Auch die »Waschfrau« am Roten Platz lässt die Vergangenheit lebendig werden. Denn es war bis in die 1950er Jahre üblich, dass die Frauen des Dorfes an dem Bach namens Mühlenteich ihre Wäsche wuschen. Für die Buntwäsche brauchte man damals rund zwölf Stunden. Und bis die weiße Wäsche vom Bachwasser blütenrein gewaschen war, verging tatsächlich ein ganzer Tag. Natürlich erst nachdem die Wäsche im Kessel gut gekocht worden war. Aus Dankbarkeit, dass die früheren Generationen stets für saubere Wäsche im Schrank gesorgt hatten, wurde das kleine Denkmal im Jahr 2012 eingeweiht.

Adresse Hohnde-Maat: Ecke Mauritiusstraße / Bachstraße; Heimische Jromperefett: Johannisstraße; Heimersheimer Waschfrau: Roter Platz, 53474 Heimersheim | **ÖPNV** Ahrtalbahn, Haltestelle Heimersheim | **Anfahrt** Heimersheim liegt an der B 266 zwischen Ahrweiler und Sinzig; am besten besucht man die drei Skulpturen zu Fuß, Parkplätze unter anderem im Heimersheimer Gewerbegebiet Im Wiesenweg, das parallel zur B 266 liegt | **Tipp** Auch das angrenzende Heppingen mit dem Schloss Metternich in der Burgstraße lohnt einen Besuch.

57__Das »Orjasse Backes«

Ein Kegelclub heizte den Ofen an

Im Laufe der Jahrhunderte hat sich auf dem Gebiet des Bäckerwesens einiges getan. Während man heute das Brot beim Bäcker oder im Discounter kauft, backte man es früher fast immer selbst. Da nicht jeder zu Hause einen eigenen Ofen besaß, wurden mancherorts öffentliche Backhäuser errichtet, die von jedermann genutzt werden konnten. Ein solches Haus findet sich auch in Heimersheim, das sogenannte »Orjasse Backes«. Allein die Umgebung ist sehenswert, denn es grenzt direkt an das Westtor, den letzten Rest der aus dem Mittelalter stammenden Stadtbefestigung.

Das Backes selbst ist schon über 200 Jahre alt, stand jedoch zu Beginn außerhalb der Mauer. Laut mündlicher Überlieferung wurde es irgendwann versetzt und baulich ergänzt, als eine Menge Bruchstein verfügbar war.

Das »Orjasse Backes« ist eines von vier Backhäusern, die es ursprünglich in Heimersheim gab. Sie standen verteilt an den Stadttoren. So, wie es im nicht weit entfernten und mittelalterlich geprägten Ahrweiler heute noch der Fall ist.

Vom Zweiten Weltkrieg blieb kein Backes verschont. Nur das Backhaus am Westtor wurde wiederaufgebaut, aber nicht mehr in Betrieb genommen. Bis im Jahr 1972 ein Kegelclub auf die Idee kam, den Ofen anzufeuern und »Döppekooche«, eine rheinische Spezialität aus geriebenen Kartoffeln, Mettwurst, Zwiebeln und Speck, zu backen. Das kam bei den Heimersheimern so gut an, dass man sich auch ans Brotbacken heranwagte, was wesentlich schwieriger ist als die Zubereitung des Kartoffelgerichts. Es machte wohl so viel Spaß, dass man in den 90er Jahren einen Förderverein gründete und eine Teigmaschine anschaffte. Auch heute noch wird alle 14 Tage der Ofen befeuert, und man backt in Gemeinschaftsarbeit schmackhaftes Sauerteigbrot. Als Heizmaterial dienen wie anno dazumal das Holz von Fichten, Tannen und Buchen, das den Produkten aus dem Backes eine besondere Note verleiht.

Adresse Johannisstraße 28 (Westtor), 53474 Heimersheim | **ÖPNV** Ahrtalbahn, Halte-stelle Heimersheim | **Anfahrt** von der L 80 der Martinusstraße folgen, die in Heppingen abzweigt und zur Heppinger Straße wird, die genau vor dem Westtor endet | **Tipp** Das Westtor und die Stadtmauer sind teilweise begehbar und über eine Treppe gleich neben dem Backes zu erreichen.

58 Das Vereinsheim der Heimersheimer Burgsänger

Neue Verwendung für das »Spritzbrüh-Haus«

Zugegeben, es ist kein leichtes Unterfangen, zwei so grundlegend unterschiedliche Themen wie Weinbergspritzung und Chorgesang unter einen Hut zu bringen. Doch genau dieser Bogen muss gespannt werden, wenn vom Vereinsheim der »Heimersheimer Burgsänger« die Rede ist. Man mag zum Einsatz von Spritzmitteln im Weinberg stehen, wie man will – es gab und gibt ihn, auch in Zeiten ökologischer Landwirtschaft. Was heutzutage mit modernen Gerätschaften oder gar mit dem Hubschrauber erledigt wird, war einst mühsame Handarbeit. Und zwar nicht nur das Spritzen selbst, sondern auch die Herstellung einer entsprechenden Spritzmischung. In der Heimersheimer Ringstraße gab es hierfür sogar ein kleines Haus, in dem die Winzer ihre »Spritzbrüh« vorbereiten und abfüllen konnten. Als hier noch fleißig gemischt und getüftelt wurde, hatte ein Stammtisch um Heinz Euskirchen und Rudi Heimermann die Idee, gemeinsam zu singen und den Menschen volkstümliches Liedgut näherzubringen.

Das war 1968, und schon bald gab es die ersten Auftritte des Chors, der sich zwei Jahre später den Namen »Heimersheimer Burgsänger« gab. Seit der Gründung tritt man überwiegend im Ahrtal auf, singt von Mühlen, Wein und Landschaft. Doch auch in Köln, Bonn, Mainz und Düsseldorf war das Ensemble bereits zu hören, ebenso in Funk und Fernsehen. Hier sei stellvertretend der »ZDF-Fernsehgarten« genannt. Die dörflichen Feste in Heimersheim wären ohne die »Burgsänger« schlichtweg undenkbar. Bei keinem Auftritt fehlen darf das Musikstück mit dem berühmten Küferschlag, für das die Formation bekannt ist. Dabei wird rhythmisch auf dem Amboss gehämmert, während sich Daube um Daube zu einem richtigen Fass zusammenfügt. Ihre »Burg« hat die Gesangstruppe – und da schließt sich der Kreis – im früheren »Spritzbrüh-Haus«, das 1983/1984 renoviert wurde.

Adresse Ringstraße, 53474 Heimersheim | **ÖPNV** Ahrtalbahn, Haltestelle Heimersheim, von dort rund 20 Minuten zu Fuß | **Anfahrt** von der zentralen Johannisstraße gegenüber der Heimersheimer Mühle auf die Ringstraße abbiegen | **Tipp** Direkt neben dem Haus kann eine historische Weinpresse besichtigt werden.

59 _ Die XXL-Sitzbank

Ein monumentales Möbel bietet Fernblick

Südöstlich von Heimersheim steht eine Sitzgelegenheit, deren Ausmaße gelinde gesagt gigantisch sind. Die XXL-Sitzbank, stolze fünf Meter lang und drei Meter hoch, ragt inmitten von Wiesen empor und ist schon von Weitem zu sehen. 3,6 Kubikmeter Lärchenholz waren für ihre Anfertigung im Jahr 2014 nötig. Und schnell mauserte sich das monumentale Möbelstück zu einem der beliebtesten Fotomotive im Ahrtal. Kein Wunder: Selbst ein Hüne wirkt neben ihm wie ein Däumling.

Die Idee zur Bank stammte vom »Ahrtal-Tourismus Bad Neuenahr-Ahrweiler e. V.«, dessen damaliger Vorsitzender Andreas Wittpohl sich von ähnlich großen Sitzgelegenheiten in Luxemburg hatte inspirieren lassen.

Die Bank erfreut sich dank der malerischen Lage inmitten von Feldern und Wiesen bei Wanderern und Spaziergängern sehr großer Beliebtheit. Direkt am Ahrsteig, dem Premium-Wanderweg des Ahrtals, gelegen, bietet sie eine tolle Möglichkeit zur Rast. Um auf die Bank zu gelangen, gibt es verschiedene Möglichkeiten. So können sich sportliche Menschen per Klimmzug nach oben hangeln. Oder man benutzt einfach den kleinen hölzernen Steg, der hinaufführt. Das Sitzen auf der Bank ist nicht nur entspannend, sondern bietet auch etwas für das Auge. Von dort oben hat man einen schönen Blick über den Ort Heimersheim und auf den Berg Landskrone mit seiner weißen Kapelle. Beschränkte Platzkapazitäten sind nicht zu erwarten: Auf die einladende Sitzfläche passen gut und gerne zehn Personen nebeneinander.

Leider konnten sich nicht alle Zeitgenossen an der schlichten Schönheit des Möbels erfreuen und hielten es für nötig, die XXL-Bank mit Graffiti zu »verschönern«. An der schönen Idee und dem noch schöneren Ausblick ändert dies jedoch glücklicherweise nichts, denn die Bank wird regelmäßig von den Mitarbeitern der Stadt Bad Neuenahr-Ahrweiler gesäubert.

Adresse die Bank liegt gleich neben dem Ahrsteig, von Heimersheim kommend über den Vehner Weg | **ÖPNV** Ahrtalbahn, Haltestelle Heimersheim | **Anfahrt** Vom Ortskern Heimersheim kommend folgt man zu Fuß der Vehner Weg aus dem Ort hinaus in die Felder und erreicht nach rund 25 Minuten die Riesenbank. | **Tipp** Die Bank ist nicht die einzige Skulptur aus Holz am Ahrsteig. Unterwegs begegnet man auch diversen Waldgeist- und Tierfiguren.

60_Das Kunst- und Wildgehege HEP

Ein Overkill an Sammelstücken

Achtung – der Name ist irreführend! Bei einem Besuch des »Kunst- und Wildgeheges HEP« begegnet man weder Damwild noch Wildschweinen, die auf zuvor am Automaten gezogenes Futter warten. Für den Ortsunkundigen ist allein schon das Auffinden des Geheges eine echte Herausforderung. Über einen kaum zu erkennenden Pfad, der ins Nichts zu führen scheint und kurz vor der Apollinaris-Brücke abzweigt, gelangt man ins Reich von Gregor Bendel. Der aus Kirchdaun stammende Künstler hat hier, im ehemaligen Garten der Familie, eine mit Worten nur schwer zu beschreibende Welt geschaffen.

Es ist eine irre Mischung aus Chaos, Kunst, Krempel und noch viel mehr – umgeben von Bäumen, Blumen, Büschen, Bahnschienen und der Ahr. Man könnte es als ein großes Kunstwerk bezeichnen, das aus unzähligen kleinen Kunstwerken besteht. Da gibt es die »Russische Eishockey-Szene«, den »Tisch der Fundstücke«, den »Fliegenden Gartenzwerg«, die »Tierkäfige«, den zum Klangobjekt umfunktionierten Fahrradreifen oder das »Plastikflaschen-Atom«. Dazu weitere Skulpturen, Figuren und aberwitzig viel Krempel, der aus gut und gerne 1.000 Wohnungsauflösungen stammen könnte. Ein Overkill an Sammelstücken, der entweder entsetztes Kopfschütteln oder bewunderndes Staunen hervorruft. Auch Treibgut aus der Ahr wird künstlerisch verarbeitet. Und dieser ganz eigene Kosmos verändert sich immer mal wieder, vor allem in den Sommermonaten, während deren Gregor Bendel zumeist auf dem Areal wohnt und künstlerisch tätig ist. Dazu kommen Sonderausstellungen und spezielle Aktionen wie beispielsweise die jährliche »Bikini Zone«, eine Schau ironischer erotischer und pornografischer Kunst für Erwachsene – Objekte wie »Sackgesicht« und »Kaputter Arsch« gehören ebenso dazu wie ein Aktbild mit Live-Model. Und für einen Plausch über Kunst bei einem Kaffee in der Laube nimmt sich Gregor Bendel immer gerne Zeit.

Adresse Martinusstraße, 53474 Heppingen | **ÖPNV** Ahrtalbahn, Bahnhof Heimersheim, von dort circa 25 Minuten zu Fuß | **Anfahrt** von der Heerstraße oder der B 266 kommend auf die Landskroner Straße, in die Martinusstraße abbiegen, kurz vor der Apollinaris-Brücke führt ein Fußweg zum »Wild- und Kunstgehege HEP« | **Tipp** Schräg gegenüber vom Eingang findet alljährlich Anfang August das »Fischerfest« des Sportfischervereins Bad Neuenahr statt – seit Jahrzehnten ein Publikumsmagnet.

61 Das Teleskop auf der Landskrone

Wenn das Ahrtal in Japan anklopft

Der Aufstieg auf die Landskrone lohnt sich immer, auch wenn er nicht frei von Mühen ist. Der kurze, aber teilweise recht steile Wanderweg vom Bahnhof in Heimersheim aus durch die Weinberge der örtlichen Winzer wartet mit diversen Schwierigkeitsstufen auf. Dass der Untergrund auch mal steinig sein kann, weiß jeder Wanderfreund, der sich in weinwirtschaftlich bestellten Feldern auskennt. Und nach dem Anstieg durch geröllige Weinfelder folgt noch eine kleine Waldetappe mit Wurzelwerk zur Ausgleichsübung. Aber die ganze Mühsal ist nicht umsonst. Denn erst mal oben angekommen, bietet sich auf dem Plateau der Landskrone eine phantastische Aussicht über das Ahrtal in Richtung Dernau.

Wem das nicht reicht, der kann einen Blick durch ein besonderes Vergrößerungsglas werfen. Denn auf der Spitze der Landskrone steht ein Hochleistungs-Fernrohr. Eine Abschlussklasse der örtlichen Berufsbildenden Schule des Jahres 2017 hatte die zündende Idee zur Installation. Dass das gar nicht so leicht war, können heute noch die Lehrer bestätigen. Gewillt, etwas ganz Professionelles abzuliefern, beschlossen die damaligen Schüler, einen Meilenstein in Sachen Metallbau zu konstruieren. Auf die Optik hatte man sich fixiert, und so sollte es ein Fernrohr werden. Zunächst hatten sie Mühe, die nötigen Sponsoren und Unterstützer für die Finanzierung der fragilen Konstruktion zu finden. So stand man gar in Kontakt mit Linsenherstellern aus Japan. Schließlich konnte das Projekt vollendet werden. Schüler wie Lehrer sind mächtig stolz darauf und kümmern sich hingebungsvoll um die Wartung des Gerätes. Heute ziert das Teleskop das Plateau der Landskrone: stahlhart und benutzbar. Und sogar begehbar: Auf einem stabilen Kunststoffpodest können interessierte Besucher ein Stück vom Boden abheben, um auf Heppingen und das Ahrtal von Sinzig bis nach Dernau zu blicken.

Adresse Landskrone, 53474 Heppingen | **ÖPNV** Ahrtalbahn, Bahnhof Heimersheim | **Anfahrt** Vom Heimersheimer Bahnhof aus geht es sozusagen direkt den Berg hinauf zur Landskrone, die nach rund 50 Fußminuten erreicht ist | **Tipp** Auf halber Strecke zur Spitze befindet sich die Maria-Hilf-Kapelle. An besonderen Feiertagen werden dort große Outdoor-Gottesdienste gefeiert.

62 Das Weinberghäuschen an der Landskron

Ein Stückchen Toskana an der Ahr

Es ist derart klein und unscheinbar, dass es schon öfters im kollektiven Bewusstsein des Ahrtals fast verschwunden wäre. Dabei ist das Weinberghäuschen am Fuße der Landskrone zwischen Heppingen und Heimersheim nur die »Spitze des Eisbergs«. Die kleine Hütte markiert den Eingang zu einem alten Stollensystem. Ein 27 Meter tiefer Weinkeller mündet in einen Stollen mit einer Länge von weiteren 40 Metern. Dass dort früher Weinfässer gelagert wurden, ist sehr naheliegend. Lange Zeit war dies jedoch nicht so. Immer wieder wurden Keller und Stollen zweckentfremdet. Im Zweiten Weltkrieg dienten die unterirdischen Räume als behelfsmäßiger Luftschutzraum. Danach wurden dort Autoreifen aufbewahrt.

Aber: Schon immer zog das Häuschen mit dem verfallenen Charme die Blicke auf sich. Der regionale Historiker Diethard Bahles bezeichnete die Hütte gar als »Weinbergstempel«. Bis in die 1980er tappte man bei der Frage, wer der Erbauer gewesen sein mochte, im Dunkeln. Erst bei einer umfangreichen Aufräumaktion entdeckte man im Keller einen Torbogen. »Weinkeller v. Wilhelm C. Brohl in Heimersheim«, so lautet die Inschrift. Auch das Erbauungsjahr 1853 ist auf dem Bogen eingemeißelt. Der historische Wert war somit erwiesen.

Im Laufe der Jahrzehnte verfiel »Brohls Keller«, wie das Häuschen im Volksmund hieß, immer mehr. Die Verwaltungen des Kreises Ahrweiler und der Stadt erachteten das Häuschen als erhaltenswert und engagierten Handwerker für die Restauration. Private Initiativen kümmerten sich um die Sanierung des Daches. Repariert wurde auch das gusseiserne Geländer, das aus der berühmten Sayner Hütte in Bendorf stammt. Die Liebe zum Häuschen war in den 1980er Jahren groß: Mancher nannte es »ein Stückchen Toskana an der Ahr« und plante dort gar einen Weinausschank. Dazu kam es jedoch nie. Aber das Häuschen macht auch ohne Gastronomie etwas her.

Adresse Landskroner Straße, 53474 Heppingen | **ÖPNV** Ahrtalbahn, Haltestelle Heimersheim, von dort noch fünf Fußminuten entlang der B 266 in Richtung Lohrsdorf | **Anfahrt** Von Bad Neuenahr kommend über die Landskroner Straße. Das Weinberghäuschen befindet sich zwischen Heimersheim und Lohrsdorf. | **Tipp** Gegenüber steht das Heppinger Brunnenhaus, ein klassizistischer Bau, der als Kunstdenkmal gilt.

63 Der Luftschutzbunker im Fels

Ein Schutzgewölbe Marke Eigenbau

Der Zweite Weltkrieg ging nicht spurlos an der Ahrregion vorbei. Nahe dem heutigen Ahrbrück gab es einen großen Luftwaffenübungsplatz, bei Marienthal wurden die Bodenanlagen der »Vergeltungswaffe 2« gefertigt, und im Osten des Kreises Ahrweiler befand sich mit der Brücke von Remagen ein Bauwerk, das für den Kriegsverlauf von entscheidender Bedeutung war. Während die Bevölkerung zunehmend Not litt, investierte das Hitler-Regime besonders in den späten Kriegsjahren eher in die Waffenproduktion als in den Zivilschutz. Die Zahl der Luftschutzbunker war längst nicht ausreichend, und das machte die notgeplagte Bevölkerung erfinderisch. Zum Beispiel in Dümpelfeld. In der Umgebung des Ortes wurden gleich drei solcher Zufluchtsstätten aus dem schroffen Berg gesprengt und gehauen. Einer dieser Behelfsbunker liegt unmittelbar am Fahrradweg der Ahr, in der Nähe der Teufelsley, einer bekannten Felsformation.

Ein weiterer Bunker befindet sich im nahe gelegenen Hönningen. Errichtet wurde er 1944 von den Bewohnern der Häuser rund um die St.-Hubertus-Kapelle. Mit Hilfe von Sechskantmeißeln und kleinen Dynamitsprengungen begann man Stein für Stein abzutragen. Doch die Hönninger Männer, so unter anderem »Klompemächesch Pitter« und »Blefferts Johann«, mussten irgendwann feststellen, dass sie es allein nicht schaffen konnten. Deshalb holten sie einen Sprengmeister aus Ahrbrück herbei, um das Werk zu vollenden. Bezahlt wurde der Mann mangels finanzieller Mittel mit Schnaps, Eiern und Butter. Der Felsenbunker Marke Eigenbau erfüllte seinen Zweck: Zahlreiche Familien fanden dort Schutz vor drohenden Bombenangriffen.

Nach dem Krieg wurde das Loch im Fels von den Kindern als Spielplatz genutzt, und auch heute können Wanderer gefahrlos einige Meter ins Innere klettern. Sie sollten nur Rücksicht auf die Fledermäuse nehmen, die hier ein Refugium gefunden haben.

Adresse Ahr-Radweg Richtung Liers, 53506 Hönningen | **Anfahrt** auf der B 257 zunächst in die Hauptstraße und dann die Kapellenstraße abbiegen (Parkplätze vorhanden), von dort zu Fuß zum Bunker | **Tipp** Sehenswert ist in Hönningen auch die St.-Hubertus-Kapelle, deren Glocke vor fast 400 Jahren gegossen wurde.

64 __ Das Goldloch

Rotes Metall und goldene Münzen

Es war eine tiefschwarze Nacht in schweren Zeiten. Der Dreißig-jährige Krieg überzog das Land mit Leid und Tod. Schwedische Soldaten waren bereits bis ins heutige Reifferscheid vorgerückt. Dies schürte die Angst bei einem Bauern, der sein Land dort bestellte, wo heute das Dorf Insul liegt. Der Mann versteckte ein Säckchen mit Goldmünzen in einem Bergbaustollen unweit des Ortes. Seine Hoffnung lag wohl darin, das Gold abholen zu können, sobald sich die Lage wieder beruhigt haben würde. Doch der Bauer kehrte nie wieder zu seinem Versteck zurück.

So will es zumindest die Legende. Und sie passt gut als Hinter-grundgeschichte zu dem, was sich 1909 ereignete. Denn in diesem Jahr fanden einige italienische Arbeiter beim Bau der Eisenbahn-strecke Dümpelfeld–Lissendorf/Eifel zu ihrer großen Über-raschung die wertvollen Münzen. Darüber berichtete sogar die »Coblenzer Zeitung«, und die Journalisten mutmaßten, dass der Fund nur einer von vielen sein könnte. Denn die Höhle, das Gold-loch, hieß ja schon immer so. Golderz fand man hier jedoch nie, es waren die versteckten Münzen, die zum vielsagenden Namen führten. Stattdessen wurde hier unter extremer Anstrengung Kupfer geschürft, und das schon zu Zeiten des Bauern aus der Legende. Bis in die 1940er Jahre wurde in Insul Bergbau betrieben. Wenn auch in überschaubarem Maße, denn lediglich vier Kumpel waren dort beschäftigt. Immerhin hatten sie sogar eine kleine Gewerkschaft namens »Brunhilde« gegründet.

Heute ist das Goldloch ein kleines Outdoor-Bergbau-Museum. Nachdem die Stollen in Kooperation mit Bergbauexperten auf ihre Sicherheit überprüft worden waren, wurde es im Jahr 2015 auf Ini-tiative des Gemeinderates Insul eröffnet. 2017 kam eine kleine Hütte mit zahlreichen Informationstafeln zum Goldloch hinzu. Auch eine typische Lore erinnert an die Zeit, als Insul noch ein Bergbauort war, und einige Bänke laden zum Rasten ein.

Adresse Ahr-Radweg Richtung Schuld, 53520 Insul | **Anfahrt** über die L 73 auf die L 25, das Goldloch liegt am Fahrradweg, der an Insul vorbeiführt, diesem Richtung Schuld circa 200 Meter folgen, nur zu Fuß zu erreichen | **Tipp** In der Brückenstraße 4 in Insul steht der alte Zehnthof, ein Fachwerkgebäude aus dem Jahr 1616.

65 Das Spardosenfeld

SB-Service für Blumen und Gemüse

Wer – zumindest im Frühjahr, Sommer und Herbst – die Landesstraße 83 bei Karweiler passiert, dem fällt in der Regel direkt ein buntes Feld im Kreuzungsbereich der Weierstraße ins Auge. Auf dem zweigeteilten Acker erstreckt sich links ein buntes Blumenmeer, rechts gedeihen Gemüsesorten wie Strauchbohnen und Kohlrabi, Salate und viele verschiedene Kräuter. Im Zentrum dieser zunächst ungewöhnlichen Mischung steht, einem primitiven Empfangstresen gleich, eine auf einem alten Fass angebrachte Sammeldose aus massivem Metall. Wer zu Nullzinszeiten an eine alternative Sparmethode des Landwirts denkt, sieht sich jedoch getäuscht. »Kasse«, prangt dort in großen Lettern über der vermeintlichen Spardose, denn das von der direkt nebenan wohnenden Familie Jöntgen bewirtschaftete Feld ist ein großer Freiland-Selbstbedienungsservice für frische Blumen und Gemüse.

Eine aufgestellte Tafel informiert über die erschwinglichen Preise. So sind beispielsweise für einen Kopf Salat 50 Cent zu bezahlen, die Kosten für nach eigenem Gusto zusammengestellte Blumensträuße richten sich nach deren Größe. Da der Kunde selbst ernten und abschneiden muss, liegen Messer und Scheren bereit. Den zu zahlenden Betrag wirft man in die Dose, wer das Geld nicht passend hat, rundet meist großzügig auf. Das Ganze basiert natürlich auf gegenseitigem Vertrauen. Blumen- und Gemüsepreller sollen zwar schon beobachtet worden sein, sind aber die absolute Ausnahme.

Das Spardosenfeld wird nicht nur von zahlreichen Stammkunden überaus rege frequentiert, sondern auch von vielen Ahrtal-Ausflüglern. Ob ein Kopfsalat fürs Abendessen oder noch schnell ein Blumenstrauß für die bessere Hälfte – der Jöntgen'sche SB-Service erspart den Weg zum Supermarkt. Da auf dem Spardosenfeld keinerlei Chemie zum Einsatz kommt, schmecken die selbst geernteten Bio-Naturprodukte noch mal so gut.

Adresse Weierstraße, 53501 Karweiler | **Anfahrt** Die Weierstraße ist eine Nebenstraße der L 39, Parkmöglichkeiten vor dem Feld auf einem Wiesenstreifen | **Tipp** Schräg gegenüber vom Spardosenfeld befindet sich am Birnenrundwanderweg die von dem Designer Elmar Zillgen gestaltete »Z-Bank« mit schöner Aussicht auf Bad Neuenahr.

66 Der Speierling

Im Ahrtal eine Rarität

Der Speierling ist eine uralte Kulturpflanze, deren Heimat im Mittelmeergebiet von Spanien, Italien und der Balkanhalbinsel bis Kleinasien und Südrussland liegt. Bereits im 4. Jahrhundert vor Christus werden in griechischen Schriften die gepflanzten von den wilden Bäumen unterschieden. Die Früchte des Speierlings wurden als Obst geschätzt und von den Römern sogar eingemacht. Keiner weiß, wann der Baum nach Deutschland kam. Fest steht, dass ein Anbau von Karl dem Großen um das Jahr 800 befohlen wurde, 820 wird er im Gartenplan des Klosters St. Gallen aufgeführt. Dennoch: Eine große Bedeutung als Obstbaum blieb dem Speierling in Mitteleuropa versagt.

Das liegt sicherlich auch daran, dass seine Früchte sehr herb und nur im überreifen Zustand oder sogar erst nach Frost aus heutiger Sicht halbwegs genießbar sind. Im Rheingau und im Odenwald wurden sie aufgrund ihrer Gerbstoffe oftmals dem Apfelmost beigegeben, der dadurch kräftiger, klarer und haltbarer wurde. Das schwere, feste und zugleich elastische Holz des Speierlings war in früheren Zeiten bei Drechslern, Tischlern und Holzbildhauern überaus begehrt. In Kultur findet sich der Baum bei uns heute fast gar nicht mehr, dafür aber wild, vor allem in West-, Mittel- und Süddeutschland.

Im Ahrtal hingegen gilt der Speierling als absolute Rarität, umso schützenswerter ist das beeindruckende Exemplar, das in Karweiler am Wegesrand in Richtung »Bengener Heide« steht und sich auffallend von der restlichen Vegetation abhebt. Als Naturdenkmal ausgewiesen, findet sich dort auch eine kleine Tafel mit Informationen über den *Sorbus domestica*. Auf dem Hochplateau über Bad Neuenahr kann man den Blick sowohl über das Ahrtal als auch über die Grafschaft und das Siebengebirge schweifen lassen, bevor es dann etwas waldiger wird. Der Speierling trotzt hier – flankiert von kleineren Bäumen und Sträuchern – den Zeiten.

Adresse (verlängerter) Heideweg, 53501 Karweiler | **ÖPNV** Ahrtalbahn, Bahnhof Ahrweiler oder Bad Neuenahr, von dort RegioBus-Verbindung nutzen | **Anfahrt** von der L 83 auf die Bengener Straße, dann auf die Lantershofener Straße und auf den Heidweg abbiegen, über die Autobahnbrücke auf den Feldweg, von dort circa 200 Meter zu Fuß | **Tipp** Wer auf dem Weg zum Speierling einfach weitergeht, gelangt nach wenigen 100 Metern zunächst zur bekannten Karweiler Marienkapelle und etwas später zum Flugplatz »Bengener Heide« samt Einkehrmöglichkeit in der »Heidestube«.

67 Das Deutsche Eck

Die Kreuzung am Mittelalter-Highway

Deutsches Eck – da denkt jeder natürlich zuallererst an die Stelle in Koblenz, wo Rhein und Mosel zusammenfließen. Doch auch das Ahrtal hat ein Deutsches Eck zu bieten, allerdings ohne Flüsse, und auch ein Kaiser-Wilhelm-Denkmal sucht man weit und breit vergebens. Immerhin findet sich beim Eck nahe Kirchdaun eine große Straßenkreuzung, die Kirchdaun mit Bengen, Nierendorf und Gimmigen verbindet. Das mitten im Nirgendwo stehende Buswartehäuschen wittert im hässlichen 1970er-Jahre-Holzbaustil vor sich hin, und auch der gegenüberliegende Heiligenbildstock wirkt irgendwie verloren. Nur eine Infotafel verrät, dass hier zwischen dem Ahrtal und den Hügeln der Grafschaft einst ein bedeutender Verkehrshotspot war.

Inmitten von Wäldern, Wiesen und Feldern verlief mit der sogenannten Aachen-Frankfurter-Heerstraße so etwas wie ein mittelalterlicher Highway, von dem ein Teilstück auch durch das Ahrgebiet führte. Ob Kriegshorden, Könige auf dem Weg zur Krönung, Pilger, Händler oder Wegelagerer und Räuber aller Art – alles reiste über die »AFH«. Zumindest im Sommer, denn im Winter war das nicht befestigte Geläuf mit seinen tiefen Wagenspuren praktisch unpassierbar.

Gesäumt wurde die Aachen-Frankfurter-Heerstraße von etlichen Burgen – auch die nahe Ruine Landskrone entstand unter anderem, um die Route im Blick zu haben und bei Bedarf Wegzölle erheben zu können. Bis heute sind rund um das Deutsche Eck sowohl in Richtung Kirchdaun als auch in Richtung Nierendorf Taleinschnitte des alten Verkehrsweges deutlich sichtbar. Für nähere Erkundungen gibt es mehrere Wanderwege entlang der Aachen-Frankfurter-Heerstraße, die gut ausgeschildert und dokumentiert sind. Am Deutschen Eck kreuzten sich also schon immer die Wege, und vielleicht hat sogar schon Karl der Große auf dem Weg in seine Aachener Lieblingspfalz kurz hinter Kirchdaun eine Rast eingelegt.

Adresse Kreuzung L 80/Scheidskopfstraße, 53474 Kirchdaun | **ÖPNV** DB RegioBus, Haltestelle Deutsches Eck | **Anfahrt** von der L 80 kommend stößt man direkt auf die Kreuzung mit dem Deutschen Eck | **Tipp** Ganz in der Nähe befindet sich der Aufstieg zur Burgruine Landskrone, einer der bekanntesten Höhenburgen des Ahrtals.

68 Das Bahnbetriebswerk

Die Züge sind längst abgefahren

Nein, Eisenbahnromantik ist es nicht, die das um 1918 erbaute Bahnbetriebswerk Kreuzberg zu bieten hat. Ob bei den zahlreichen hier gefeierten Partys ebenjene Romantik aufkam, ist nicht überliefert. Anziehend wirkt die Werksruine auf ambitionierte Fotografen, die in ihrem Inneren und der umgebenden Natur jede Menge Motive finden. Was heute mehr und mehr von der Vegetation erobert wird, war einst ein Synonym für die verkehrsmäßige Erschließung des Ahrtals durch die Eisenbahn. Denn dem Dampfross verdankte die eher abgelegene Gegend ihre ersten Touristen.

Freilich, die Errichtung der Bahnlinie hatte auch militärische Gründe, konnte sie doch zum Transport von Soldaten und Waffen gen Westen genutzt werden. Auf die im Betriebswerk installierte Bahn-Drehscheibe mit einem Durchmesser von gut 20 Metern passten die größten Lokomotiven, die im frühen 20. Jahrhundert unterwegs waren. Mit bis zu 14 Gleisen nebeneinander war die Einrichtung auf regen Bahnverkehr ausgelegt, zu dem es jedoch nie kam – zumindest nicht in Kreuzberg.

Trotzdem spielte die Eisenbahn dank Ahrtalbahn und Betriebswerk lange eine wichtige Rolle im Dorf. Selbst der örtliche Sportverein erhielt den Namen »Eisenbahner Sportverein Kreuzberg 1927 e. V.«. Als das Bahnbetriebswerk 1987 endgültig geschlossen wurde, war von den einst mehr als 100 Beschäftigten nur noch ein einziger Mitarbeiter übrig geblieben. Wie viele andere Lost Places hat auch das Bahnbetriebswerk häufig ungebetenen Besuch von Vandalen, die leider erhebliche Beschädigungen verursachen. Der Zahn der Zeit nagt beständig an dem Gebäude. Dennoch: Auch wenn einiges an Imaginationskraft notwendig ist, um sich die mächtige Drehscheibe oder eine Dampflok in Aktion vorzustellen – die Verbandsgemeinde Altenahr weist das unter Denkmalschutz stehende Bahnbetriebswerk und dessen Fläche bis heute als »Eisenbahngelände« aus.

Adresse Bahnhofstraße, 53505 Kreuzberg (Ahr) | **ÖPNV** Ahrtalbahn, Haltestelle Kreuzberg | **Anfahrt** von der B 257 in die Bahnhofstraße abbiegen und ihr circa 350 Meter folgen | **Tipp** In Kreuzberg befindet sich auch die Burg Kreuzberg, der Stammsitz der Familie von Boeselager. Ihre Kapelle kann jederzeit besichtigt werden.

69 Das Hochwassertor

Mit Stahl und Beton gegen die Fluten

Wenn eine Landschaft von einem Fluss oder gar mehreren Flüssen geprägt ist – im Ahrtal sind dies natürlich in erster Linie die Ahr und ihre Nebenbäche, aber letztlich auch der Rhein –, dann ist auch das Thema Hochwasser immer präsent. Auf jeden Fall wird die Ahrregion seit Jahrhunderten immer wieder von verheerenden Hochwasserkatastrophen heimgesucht. Schon 1488 ist in Ratsprotokollen der Stadt Ahrweiler von einem starken Hochwasser die Rede, 1582 zerstörten die Fluten die Neuenahrer Mühle, 1687 zwei Brücken in Ahrweiler. Die bislang größten Hochwasserkatastrophen ereigneten sich 1804, 1859 und 1910 – hierbei kamen 65, 44 beziehungsweise 52 Menschen ums Leben. Allein zwischen 1348 und 1962 sind im Gebiet des heutigen Kreises Ahrweiler insgesamt 84 Hochwasser-Ereignisse dokumentiert. Auch nach 1962 gab es noch einige zum Teil schwere Überschwemmungen, zuletzt im Juni 2016 mit ganz erheblichen Zerstörungen.

Besonders hochwassergefährdet ist Kripp. Das liegt vor allem am nahen Rhein, aber auch an der nur wenige 100 Meter entfernten Ahrmündung, wo die Ahr bei Sinzig in den Rhein fließt. In Kripp hat man im Laufe der Zeit reichlich Erfahrungen gesammelt. Dabei verlassen sich die Kripper mit der Hochwassernotkapelle nicht nur auf Beistand von oben, sondern mit einer ausgeklügelten Stahl-Beton-Konstruktion auch auf praktischen Schutz vor dem Wasser. So entstand im Bereich Am Badenacker neben einer Hochwasserschutzwand mit herunterklappbaren »Einlagen« auch ein imposantes Schutztor, das bei Bedarf geschlossen werden kann. Das alles erinnert ein wenig an den »Deich« im schräg gegenüberliegenden Neuwied, der die Stadt seit 1931 effektiv vor Hochwasserschäden bewahrt. Im Normalfall lässt sich das Hochwassertor bequem zu Fuß oder mit dem Rad durchqueren, der Weg führt dann landschaftlich reizvoll über die sehenswerte und naturbelassene Ahrmündung am Rhein entlang.

Adresse Am Badenacker, 53424 Remagen-Kripp | **ÖPNV** Ahrtalbahn, Haltestelle Remagen, von dort 45 Minuten zu Fuß | **Anfahrt** über die B 266 (Quellenstraße), kurz vor der Kurve zur Rheinfähre in Am Badenacker einbiegen, das Tor kommt nach circa 80 Metern | **Tipp** Passend zum Thema befindet sich in der Quellenstraße die 1849 eingesegnete Kripper Hochwassernotkapelle.

70 Das Mausoleum
Vom geplanten Ruheplatz zur Gedenkstätte

Das beschauliche Kripp war einst sogar der Wohnsitz von italienischen Adeligen. Der Graf Gioacchino Napoleone Taveggi fühlte sich hier zwischen Rhein und Ahr offensichtlich sehr wohl. So wohl, dass er auch die Zeit im Jenseits in Kripp verbringen wollte. Deshalb ließ er bereits 1906 nach den Plänen des Aachener Architekten Karl Schmitz auf dem Kripper Friedhof ein stattliches Mausoleum im Jugendstil errichten, um nach dem Ableben in der eigenen Gruft die ewige Ruhe antreten zu können. In Erfüllung ging der letzte Wunsch des Grafen, übrigens ein Schwiegersohn des amerikanischen Millionärs und Kripper Lederfabrikanten Heytemeyer, nicht. Er starb 1939 während eines Aufenthaltes in Italien und wurde in Mailand beigesetzt. Selbiges Schicksal ereilte später auch seine Ehefrau. Die gräflichen Kinder verzichteten auf das Mausoleum, das so in den Besitz der Stadt Remagen kam.

Den Krippern war die »Immobilie« auf dem Friedhof ganz recht – bis im Mai 1994 die neue Friedhofskapelle samt Aufbahrungsmöglichkeit erbaut war, nutzte man das Mausoleum als Leichenhalle. In Sachen Bauweise besteht das Mausoleum aus einem Untergeschoss mit sechs bis heute leeren Grabkammern und einem oberirdischen, achteckigen Baukörper mit Tuffsteinverblendung. Gekrönt wird das Ganze von einer geschieferten Kuppel. Die groß herausstechende Inschrift »Pax in Aeternitate« bedeutet »Friede in Ewigkeit«.

Nach einer umfassenden Renovierung wurde das Gebäude später zur Gedenkstätte für die Opfer des schweren Luftangriffs englischer Bomber am 9. Februar 1945, dem vor allem durch einen Volltreffer auf das Fährschiff »Franziska« insgesamt 16 Menschen zum Opfer fielen. Ihre Namen sind auf einer Gedenktafel im Mausoleum eingraviert. Die Toten wurden in Eigengräbern, aber auch in einem Massengrab auf dem Kripper Friedhof beerdigt. Gemeinsam mit der Gedenkstätte mahnen sie heute zum Frieden.

Adresse Friedhof Kripp, Quellenstraße, 53424 Remagen-Kripp | **ÖPNV** Ahrtalbahn, Haltestelle Remagen, von dort circa 45 Minuten zu Fuß | **Anfahrt** von der B 9 auf die B 266, vom Verteilerkreisel kommend liegt der Friedhof auf der rechten Seite der Quellenstraße, nicht weit vom Kripper Ortseingang | **Tipp** Am Kripper Rheinufer befindet sich eine sehenswerte Skulptur von Johannes Brus, die zwei Pferde sowie ein kleines Schiff zeigt. Sie erinnert an die Zeit der Treidelschifffahrt, bei der Schiffe mit Pferden vom Ufer aus gezogen wurden. Einige Kripper Bürger verdienten hiermit ihren Lebensunterhalt.

71 Das Mündungsgebiet der Ahr

Artenvielfalt in einer einzigartigen Kulisse

Die Bewohner des Ahrmündungsgebiets zwischen Kripp und Sinzig heißen Kleewidderchen, Schwarzblauer Ameisenbläuling und Mauerfuchs. Dass Nicht-Biologen diese Tierchen kaum ein Begriff sind, muss nicht verwundern. Rund 200 seltene Pflanzenarten, 80 verschiedene Vögel und allein 40 Arten von Laufkäfern haben dort ihr Zuhause. Vor allem auf den Kiesbetten können Vogelarten wie der Eisvogel beim Brüten beobachtet werden. Lachse ziehen zum Laichen vom Rhein kommend durch das Mündungsgebiet, und vor einigen Jahren wurde der einst reichlich vorhandene Maifisch wieder angesiedelt.

Unter allen Mündungen der Rheinnebenflüsse ist die der Ahr die einzige, die vollständig renaturiert wurde. Einst presste man den wilden Fluss in ein künstliches Bett. Diese Baumaßnahme wurde jedoch rückgängig gemacht, und das Gebiet steht seit den späten 1970er Jahren unter Naturschutz. Die Ahr nahm den Rückbau ungestüm an: Seitdem hat sich ihr Lauf um eine Flussbreite verschoben. Mittlerweile hat das Gebiet eine Größe von 63 Hektar. Mancherorts erinnern die Auen mit ihren gelbgrünen Gräsern und violetten Blüten gar an Heidelandschaften.

Das Naturschutzkonzept sieht vor, dem Fluss seinen eigenen Willen zu lassen. Deshalb ist es auch nicht absehbar, wo er in einigen Jahren überhaupt verlaufen wird. Da die Ahr sehr stark mäandriert, könnte irgendwann ein richtiges Delta entstehen. Entscheidend sind die Wasserstände. Hochwasser im Zubringerfluss Ahr reißen Steine und entwurzelte Bäume mit bis in den Rhein. Steigt umgekehrt der Rheinpegel, drücken die Wassermassen gegen die Ahrströmung. Das Resultat: ein sich stets im Wandel befindendes Biotop. Doch es wird nicht völlig sich selbst überlassen. So gibt es auch Überlegungen, im Mündungsgebiet Wasserbüffel anzusiedeln. Außerdem gibt es bereits Pläne, eine Art Gondelbahn zu errichten, die die Ahr queren soll.

Adresse 53424 Kripp/53489 Sinzig | **Anfahrt** das Mündungsgebiet liegt am Rhein zwischen Kripp und Sinzig, gute Parkmöglichkeiten in Kripp am Johann-Gerhard-Kirschbaum-Platz | **Tipp** Der Bereich der Ahrmündung und deren Umgebung ist auch von Reh- und Schwarzwild bevölkert, das selbst am Tag häufig zu beobachten ist.

72__Die Glocke
unter dem Dach

Ein religiöses Überbleibsel in profanem Umfeld

Der Mayschoßer Ortsteil Laach bietet viel Schönes: Von Altenahr kommend, schlängelt sich rechter Hand die Ahr, während links die Häuser so dicht am Fels stehen, als wären sie in einem Stück aus ihm herausgehauen. Doch trotz aller ländlichen Idylle sind die Menschen in Laach seit jeher einer elementaren Bedrohung ausgesetzt: dem Hochwasser. Heute kommt es nicht mehr so häufig zu Überflutungen wie früher, was den milderen Wintern und dem geringeren Schneefall geschuldet ist. Vor zwei Jahrhunderten jedoch waren Sturzbäche im Frühling genauso die Regel wie die Weinlese im Herbst. Es war auch eine Flut, die den Laachern ihr kleines Gotteshaus nahm. Kapelle und Ort wurden 1804 vom Wasser dem Erdboden gleichgemacht, und mancher Bewohner fand in diesem Jahr den Tod. Verzweifelt läuteten die Laacher die Glocke ob der großen Not und hofften auf Rettung durch den heiligen Angelus. Doch nichts geschah, das Dorf versank. Als das Wasser zurückging, waren von dem Ort nur Trümmer geblieben. Geld gab es nicht, und so konnte auch das kleine Kapellchen nicht wiederaufgebaut werden. Dies ist der Grund, warum man in Laach ein Gotteshaus vergeblich sucht. Trotzdem ist der Ort nicht gottlos. Am Giebel eines der Häuser an der Bundesstraße hängt sie bis heute: die wohlerhaltene Glocke der zerstörten Kapelle. Nachdem man sie aus den Trümmern hatte bergen können, wurde sie am ersten wieder errichteten Haus angebracht. Geläutet wird die Glocke jedoch nicht mehr.

Eine Besonderheit gibt es ebenfalls in Laach, das nicht das einzige hochwassergeplagte Ahrdorf ist. Während andere Orte mit Markierungen und Plaketten an die höchsten Stände historischer Hochwasser erinnern, sucht man diese in Laach vergeblich. Wahrscheinlich lag es den Bewohnern schlicht fern, dem zerstörerischen Wasser, das ihnen einst ihr Dorf nahm, auch noch ein Denkmal zu setzen.

Adresse das Haus mit der Glocke steht an der Bundesstraße 267 etwa in der Mitte des Ortes, 53508 Laach | **Anfahrt** auf der B 267 nach Laach, dort sind Parkplätze vorhanden | **Tipp** Der Fahrradweg an der Ahr hat seit jüngerer Zeit ein neues Highlight: Eine höchst moderne Fahrradbrücke überspannt die Ahr vom Haus mit der Glocke aus.

73 Die St.-Anna-Brücke

Ein Unikat in Sachen Brückenarchitektur

Folgt man dem malerischen Radweg zwischen Ahrweiler und Altenahr, kommt man unausweichlich an ihr vorbei: der St.-Anna-Brücke in Laach. Die Ahrquerung in luftiger Höhe ist ein Kuriosum in Bezug auf Bauweise und Material und ein absolutes Unikat. Die Brücke ist knapp 3,5 Meter hoch und 30 Meter lang und gilt als größte Ganzstammbrücke Deutschlands. Solide ist das Bauwerk allemal, thront das Holzkonstrukt doch auf stabilen Steinsockeln.

Bis zur Eröffnung im Sommer 2005 war es ein sehr langer Weg voller bürokratischer Hürden. Ziel war es, einen ansehnlichen Nachfolger für die damalige Brücke aus Metallrohren zu finden, die nicht mehr zeitgemäß, alt und abgenutzt war. Da eine Ganzstammbrücke zumindest in Deutschland noch nie errichtet worden war, existierten keinerlei Baunormen. Deshalb vergingen stolze 13 Jahre von der Ursprungsidee bis zur Realisierung.

Gerne hätte man für den Bau heimisches Holz verwendet. Aber Douglasien, die den nötigen Anforderungen entsprechen, gibt's im Ahrtal einfach nicht. Zumindest nicht in geeigneter Menge. Somit musste das Material aus der Eifel und dem Schwarzwald herangekarrt werden. Manche der Baumstämme haben eine stolze Länge von fast 15 Metern. Douglasienholz gilt als besonders pflegeleicht, sodass sich die Wartungsarbeiten auf ein Minimum reduzieren. Ein Vorteil, denn die eigentlichen Baukosten beliefen sich auf rund 360.000 Euro, für eine Rad- und Wanderwegbrücke eine ziemlich stattliche Summe.

Heute fügt sich die Brücke in die Landschaft ein, als wäre sie dort gewachsen, und führt Radfahrer und Wanderer vom gemütlichen Laach auf die schroffere linke Ahrseite. Auch für die Sicherheit wurde gesorgt: Die heilige Anna wacht am Zugang auf der Laacher Seite über die Passierenden. Viele nutzen die Brücke auch als Raststation, denn die Überdachung bietet Schutz vor Sonne und Regen.

Adresse B 256, 53508 Laach | **Anfahrt** die Brücke liegt direkt an der B 256 kurz vor dem Ortsausgang | **Tipp** Folgt man der B 256 in Richtung Altenahr, kommt man an einigen alten Eisenbahnbrücken vorbei, die auch heute noch von Zügen befahren werden.

74 Das fliegende Dach

Von »Cool« bis »Total hässlich«

Dem berühmten Rotweinwanderweg »Konkurrenz« machen? Das klingt fast schon wie eine Beleidigung. Das hielt die engagierten Mitglieder des Fördervereins »Zukunft Lantershofen« und ihren Vorsitzenden Leo Mattuscheck jedoch nicht davon ab, genau das zu tun. In direkter Nähe der landesweit bekannten und beliebten Strecke legte man, in Anlehnung an das Lantershofener »Nationalobst«, einen Birnenrundwanderweg an, der neben einem Birnensortengarten, dem Bienenlehrpfad »Bienenlant«, herrlichen Ausblicken und einer »spirituellen Tankstelle« auch ein fliegendes Dach zu bieten hat. Der im Mai 2015 seiner Bestimmung übergebene Weg ist seither bei vielen Wanderfreunden überaus beliebt, denn auch weniger Geübte kommen hier dank des niedrigen Schwierigkeitsgrads flott voran. Und für ambitioniertere Läufer gibt es die Möglichkeit, gleich darauf den andockenden Rotweinwanderweg in Angriff zu nehmen, der ebenfalls ein ansprechendes Panorama bietet.

Die sicherlich markanteste Installation am Birnenrundwanderweg ist das bereits erwähnte fliegende Dach. Auf einer kleinen Anhöhe oberhalb von Lantershofen und unweit von Ahrweiler gelegen, kann man von der futuristisch anmutenden Holz-Metall-Konstruktion den Blick weit über die Felder und Weinberge schweifen lassen.

Bei Regen ist das fliegende Dach samt Sitzgelegenheiten ein sehr willkommener Unterstand und auch ein idealer Ort für eine Wanderpause inklusive Picknick. Warum das von dem Architekten Hans-Jürgen Mertens gestaltete Dach das Attribut »fliegend« erhielt, ist leider nicht überliefert. Vielleicht weil seine Form ein wenig an einen Flügel erinnert. Bei den Wanderern sorgt die Konstruktion jedenfalls nicht selten für Diskussionen. Wie auch andere Kunstobjekte entlang des Birnenrundwanderwegs polarisiert das Dach ziemlich: Die Meinungen reichen von »Cooles Design« bis zu »Total hässlich«.

Adresse 53501 Lantershofen | **Anfahrt** das fliegende Dach ist nur zu Fuß erreichbar; über die Schmittstraße in Lantershofen, bis diese in einen Feldweg mündet, von dort circa 500 Meter; oder über die Elligstraße in Ahrweiler, ab dort zu Fuß, jedoch steiler Anstieg | **Tipp** Direkt neben dem fliegenden Dach steht eine alte Eisenbahnbrücke samt Bahndamm, die Teil der »unvollendeten Bahnstrecke« Liblar – Rech ist.

75__Der Winzerverein Lantershofen

Bürger, Junggeselle und Brötchesmädchen

Der 1.500-Seelen-Ort Lantershofen hält auch heutzutage viele seiner Traditionen lebendig. Besonders umtriebig ist die Junggesellen-Schützen-Gesellschaft »St. Lambertus«. Wer dem Junggesellenstand entwachsen ist, findet in der Bürgervereinigung Lantershofen ein Zuhause, denn diese hat sich per Satzung vor allem der Förderung der Junggesellen-Schützen verschrieben. Einzigartig, aber ein Stück weit auch kurios sind die höchsten Festtage des »Birnendorfes« – das stets im September veranstaltete Schützenfest und die eine Woche später stattfindende Kirmes. Während dieser Tage sind die Mitglieder der Bürgervereinigung und die Junggesellen-Schützen optisch omnipräsent: die »Bürger« durch schwarzen Anzug samt grauer Krawatte und Zylinder, die Junggesellen durch grün-weiße Uniformen. So gewandet wird während der Kirmes unter anderem zweimal im Ortszentrum paradiert.

Ein weiteres Kirmes-Highlight ist der Festkommers am Montagmorgen. Eine reine Männersache, sind dazu doch nur die (ausschließlich männlichen) Mitglieder der Bürgervereinigung, die Junggesellen-Schützen sowie Ehrengäste geladen. Und doch gibt es eine Ausnahme: die Brötchesmädchen! In ihrer »Uniform«, schwarzer Rock mit weißer Bluse, kümmern sie sich darum, dass die Gäste stets mit Wein, Wasser und – nomen est omen – belegten Brötchen versorgt sind. Da wundert es nicht, dass Brötchesmädchen, Bürger und Junggesellen-Schütze in ihrem typischen Erscheinungsbild vor dem Winzerverein als Kunstskulpturen aufgestellt sind, flankiert von Weinreben, denn Lantershofen ist dank einiger Nebenerwerbswinzer auch ein Weinbauort. Der Winzerverein ist somit zentraler Mittelpunkt des Brauchtums in Lantershofen – und gleichzeitig die gute Stube des Ortes. Heute finden hier auch Konzerte statt, es gibt eine Bewirtung, die von den Dorfvereinen übernommen wird.

Adresse Winzerverein, Winzerstraße 16, 53501 Lantershofen | **Anfahrt** den Winzerverein erreicht man am leichtesten über Bad Neuenahr, auf der L 83 Richtung Grafschaft gelangt man nach Lantershofen, dort dritte Straße links | **Öffnungszeiten** Fr ab 19 Uhr, Termine auf www.kulturlant.de und www.winzerverein-lantershofen.de | **Tipp** Mit dem überdiözesanen »Studienhaus St. Lambert« (Graf-Blankard-Straße 12–22) befindet sich in Lantershofen das deutschlandweit einzige Priesterseminar für Spätberufene.

76 Der Alte Torbogen

Ein Durchgang ohne Mauer

In Ahrweiler sind gleich vier erhalten, und in Heimersheim und im Sinziger Stadtteil Löhndorf steht auch noch je eines: Die Rede ist von Toren und Eingangsbögen, die den Ahrtal-Orten mittelalterlichen Charme verleihen. Das Löhndorfer Portal steht jedoch im Gegensatz zu den anderen recht einsam auf weiter Flur, denn eine Stadtmauer sucht man hier vergebens. Im Jahr 1753, dem Jahr der Errichtung des Bogens, kamen die Menschen, die dieses Tor passierten, zum Bassenheimer Hof, der auch schlicht Zehnthof genannt wurde. Dort lieferten die Bauern damals einen Teil ihrer erwirtschafteten Feldfrüchte als Steuer an die Obrigkeit ab.

Das Tor aus Bruchstein ist *das* Wahrzeichen des Dorfes. Nachdem es die Stadt Sinzig mit dem dazugehörigen Grundstück erworben hatte, wurde es mit Unterstützung der Dorfgemeinschaft renoviert. In das Mauerwerk wurde eine Figur der heiligen Elisabeth eingebracht. Sie stammt von dem Löhndorfer Bildhauer und Steinmetz Titus Reinarz, der die Stadtteile Sinzigs mit einigen Kunstwerken bereicherte. Rein optisch und handwerklich ist die Figur kaum vergleichbar mit den sonst recht standardisierten Darstellungen, und sie trägt die Handschrift des Künstlers Reinarz. Somit findet sich der Lokalbezug auch in der Nische des Torbogens. Unter der Statue selbst ist das Errichtungsjahr eingraviert.

Auch wenn hinter dem Torbogen heute Häuser mit Eigentumswohnungen statt eines historischen Zehnthofes stehen, gewährt er durch die Anlage im Innenhof und die Fassaden einen kleinen Einblick in die Zeit des Mittelalters. Dass die Löhndorfer ihren Torbogen schätzen, zeigt sich an der Pflege, die ihm zuteilwird. Erst 2019 wurde das Schieferdach des Torbogens komplett neu eingedeckt. Direkt daneben befindet sich ein Rosengarten mit einer Stele, die Adam und Eva zeigt. Sie wurde ebenfalls von Titus Reinarz geschaffen, dessen Werke den Stadtteil bis heute optisch prägen.

Adresse Ecke Orsbeckstraße / Nordstraße, 53489 Löhndorf | **Anfahrt** Löhndorf erreicht man am besten von Ehlingen aus, der L 2281 folgen, die am Ort vorbeiführt und in Sinzig endet | **Tipp** Löhndorf ist eines der wenigen »Rosendörfer« Deutschlands. Zur Blütezeit kann man überall im Ort Rosen unterschiedlichster Arten in allen Farben bewundern.

77__Der Quarzquader

Mit der Bremsbergbahn zu Tale

Lohrsdorf ist den meisten Einheimischen und Auswärtigen (leider) nur als »Durchfahrtsort« bekannt. Kein Wunder, denn praktisch alle, die von Bad Neuenahr-Ahrweiler kommend das Ahrtal in Richtung Sinzig / Remagen durchqueren, passieren lediglich das 580-Einwohner-Dorf, zu dem auch der Ortsteil Green gehört. Wenn es ums »Durchfahren« geht, wird auch gleich das größte, seit Jahrzehnten bestehende Lohrsdorfer Problem benannt. Tagtäglich wälzt sich eine enorme Blechlawine aus Pkws und Lkws über die zentrale B 266, was für Anwohner und Fußgänger nicht nur Staub, Dreck und Lärm, sondern auch manch gefährliche Situation zur Folge hat. Seit einer gefühlten Ewigkeit kämpfen die Lohrsdorfer daher für eine Umgehungsstraße. Mit der Aufnahme in den Bundesverkehrswegeplan kam vor einiger Zeit etwas Hoffnung auf, jedoch kann bis zur finalen Umsetzung noch locker eine Dekade verstreichen. Es steht außer Frage, dass Lohrsdorf viel mehr hat und hatte als nur den starken Verkehr. Und vieles, was den von Ahr, Feldern und Weinbergen umsäumten Ort ausmacht(e), ist zum Teil weitgehend unbekannt.

So war man beispielsweise im späten 19. Jahrhundert ein Zentrum des rheinischen Quarzabbaus. 1872 wurde im Waldstück »Auf Koppen« ein Quarzsteinbruch erschlossen und zunächst an Ferdinand Frings, den Inhaber der Sinziger Mosaik-Platten-Fabrik, und ab 1888 an den Elberfelder Unternehmer Bernhard Josten verpachtet. Im selben Jahr wurde am »Koppen« sogar eine Bremsbergbahn zum Abtransport des Gesteins gen Tal erbaut – durch Weinberge bis hin zur heutigen B 266. Von dort schaffte man den Quarz mit Pferdefuhrwerken oder mit der Eisenbahn weiter. 1921 erfolgte die Einstellung des Betriebs. Heute erinnern ein großer Quarzbrocken – original aus dem Lohrsdorfer Steinbruch – sowie eine reich bebilderte Infotafel an der B 266 an die bergbauliche Vergangenheit des im Jahr 828 erstmals urkundlich erwähnten Ortes.

Adresse Sinziger Straße (B 266), direkt an der Fußgängerampel (linke Seite von Bad Neuenahr-Ahrweiler kommend), 53474 Lohrsdorf | **ÖPNV** Ahrtalbahn, Bahnhof Heimersheim, von dort circa 15 Minuten zu Fuß | **Anfahrt** aus allen Richtungen über die B 266 | **Tipp** Oberhalb von Lohrsdorf kann beim »Golf- und Landclub Bad Neuenahr« auf einer gepflegten und überaus reizvollen Anlage Golf gespielt werden.

78_ Die Steinfiguren in der Ahr

Meditative Kunst mitten im Fluss

Es war ein dramatisches Erlebnis, das das Leben von Michael Michels schlagartig änderte. 1991 erlitt der frühere Börsenmakler, Kunstschlosser und Leiter mehrerer Restaurants einen Lungenriss und hatte dabei ein sogenanntes Nahtoderlebnis. Dank ärztlicher Kunst kehrte Michael Michels ins Leben zurück und änderte dieses von Grund auf. Er begann die Welt zu bereisen, von der Küste Portugals bis in den Dschungel des Amazonas.

Auf seinen Reisen lernte er die von den Inuit errichteten »Steinmännchen« kennen, die einigen Naturvölkern als Mahner, Wegweiser oder Schriftzeichen dienen. Die Individualität der Steine hat für Michael Michels auch einen sehr spirituellen Aspekt. Das Betrachten der eigenwillig und zugleich ästhetisch gestalteten Figuren lädt zum Meditieren ein oder einfach dazu, die Gedanken schweifen zu lassen.

Möglich ist all das vom Ahrufer aus, am Fußweg zwischen Lohrsdorf und Bad Bodendorf. Hier lassen sich, vor allem in den Sommermonaten, immer neue Steinformationen und -figuren mitten in den treibenden Fluten des Flusses bewundern, malerisch eingerahmt von den Ahrbergen. Dabei werden die verwendeten Steine nicht gebohrt oder fixiert, sondern so wie sie sind aufgestellt. Dennoch: Die stummen Figuren gefallen nicht jedem. Anfangs waren es Angler, die für die spirituelle Kunst wenig Verständnis aufbrachten, später wurden die Werke mehrmals mutwillig zerstört, was leider auch heutzutage noch passiert. Für Michael Michels ist dies allerdings kein Grund zur Resignation – er baut die steinernen Objekte mit unermüdlicher Motivation immer wieder auf. Und auch wenn es sich auf den ersten Blick nicht erschließt, möchte Michels mit seinen Werken nicht zuletzt eine Botschaft aussenden: »Mein Wunsch wäre, den Respekt und die Achtung untereinander wieder zu pflegen und dass wir verstehen, dass wir Menschen alle in einem gemeinsamen Raum leben, genannt Erde.«

Adresse Fußweg direkt am Ahrufer zwischen 53474 Bad Neuenahr-Ahrweiler / Lohrsdorf und 53489 Bad Bodendorf | **ÖPNV** Ahrtalbahn, Haltestelle Heimersheim, von hier zu Fuß entlang der B 266 durch den Ort Lohrsdorf, am Ortsende abbiegen in die Straße In den Auen, die in den nach Bad Bodendorf führenden Fußweg mündet | **Anfahrt** von Bad Neuenahr kommend über die B 266 bis Lohrsdorf, dort in die Straße In den Auen (an deren Ende am Bürgerhaus Parkplätze vorhanden), von dort Fußweg zum Ahrufer in Richtung Bad Bodendorf | **Tipp** In Lohrsdorf lohnt ein Besuch der Kapelle St. Petrus und Marcelinus (Ritterstraße) aus dem 13. Jahrhundert, einer der ältesten Kirchenbauten der »Herrschaft Landskrone«.

79 Der Bunker

Ein Traum in Beton

Als man 1960 mit dem Bau des »Ausweichsitzes der Verfassungsorgane des Bundes im Krisen- und Verteidigungsfall zur Wahrung deren Funktionstüchtigkeit« (AdVB) begann, entstand eine mehr als 17 Kilometer lange Bunkeranlage, die im Kriegsfall der Bundesregierung als Zufluchtsort dienen sollte – atombombensicher, versteht sich. Heute sind sich die Experten darüber einig, dass der als »Regierungsbunker« bekannte Mammutbau einem Atomschlag dennoch nicht standgehalten hätte. Zum Ernstfall kam es zum Glück nie, auch wenn selbiger oft im und um den Bunker geprobt wurde. Stets gut bewacht mit zur Verschwiegenheit verpflichteten Mitarbeitern, war der Bunker über Jahrzehnte hinweg das größte Geheimnis des Ahrtals. Dessen ungeachtet hat sich das Relikt des Kalten Krieges trotz Stilllegung und Rückbau im Ahrtal verewigt und ist heute der größte touristische Frequenzbringer der Region. Die »Dokumentationsstätte Regierungsbunker« auf dem Ahrweiler Silberberg stellt Jahr für Jahr neue Besucherrekorde auf und wurde schon mit zahlreichen Auszeichnungen bedacht.

Die gute Nachricht für alle Misanthropen und Individualisten: Wer die Wucht des Bunkers weitgehend ohne störende Mitmenschen in Augenschein nehmen möchte, muss nicht zwingend den Silberberg erklimmen. Etwas »Regierungsbunker light« gibt es auch in Marienthal, denn ein Stück oberhalb der dortigen Klosterruine samt Weingut und Gastronomie befindet sich das ehemalige Eingangsbauwerk Ost / West. Ein Traum in graugrünem Beton, vor dem zu Betriebszeiten stets uniformiertes Wachpersonal präsent war. Inzwischen haben Verfall und Vegetation zumindest teilweise das Ruder übernommen. Erste Risse an den Wänden und daran hochrankendes Gewächs – auch ein Bunker muss nichts für die Ewigkeit sein. So präsentiert sich das frühere Hochsicherheitsgebäude jetzt als eine Mixtur aus landschaftlichem Fremdkörper und Lost Place.

Adresse Klosterstraße, 53474 Marienthal | **ÖPNV** Ahrtalbahn, Haltestelle Walporzheim oder Dernau, von dort jeweils circa 45 Minuten zu Fuß | **Anfahrt** von Walporzheim über die Marienthaler Straße kommend rechts auf die Klosterstraße abbiegen, nach rund 500 Metern taucht rechts der Bunker auf | **Tipp** In direkter Nähe befinden sich mit dem Weingut »Kloster Marienthal« und der Gedenkstätte »Lager Rebstock« gleich zwei überaus interessante Orte.

80 Die Klosterruine Marienthal

Eine Konzerthalle ohne Dach und Glasfenster

Es könnte kaum friedlicher sein: Im Innenhof der gotischen, von Efeu überwucherten Klosterkirche brennen in lauen Sommernächten Kerzen, ein Kolibri steckt neugierig seinen Schnabel durch die glaslosen Fenster, und von der Bühne erklingt Jazzmusik. Das, was vom Kloster Marienthal heute übrig ist, hat sich als Ahrtaler Kunst- und Kultur-Hotspot etabliert. Die Veranstaltungen sind fast immer ausverkauft, was an der einzigartigen Atmosphäre liegen dürfte. Da es kein Dach gibt, sitzt man wunderbar unter freiem Himmel und atmet die frische Luft des Ahrtals.

Auch ein Weingut hat im alten Kloster eine Heimat gefunden, das edle Rot- und Weißweine bei verschiedenen Veranstaltungen kredenzt. Die Winzer bewirtschaften ein recht großes Areal von fast fünf Hektar.

Die religiösen Damen, es waren Augustinerinnen, konnten von dieser sehr weltlichen Nutzung natürlich nichts ahnen, als im Jahr 1137 das Kloster errichtet wurde. Damals war Marienthal nicht mehr als eine bewaldete Einöde. Wie so viele mittelalterliche Bauten wurde auch das Kloster im Dreißigjährigen Krieg stark beschädigt. Nach der Besetzung durch die französischen Revolutionstruppen wurde das Kloster 1802 säkularisiert. Die Auflösung des Klosters war im wörtlichen Sinne sichtbar: Die Einheimischen trugen nach und nach Steine ab, um sie für den Bau ihrer Häuser und möglicherweise auch von Trockenmauern in den Weinterrassen zu verwenden. Sicher ist, dass es einmal mehrere Gebäude gab. Es gab verschiedene Handwerksbetriebe, eine Bäckerei und eine Schnapsbrennerei. Heute stehen davon größtenteils nur noch Mauern.

Auch als Ruine ist das einstige Kloster ein höchst imposanter Ort inmitten der Weinberge. Hinter der Kirche schlängelt sich ein Wanderweg durch die Weinberge in die Höhe.

Adresse Klosterstraße, 53474 Marienthal | **ÖPNV** Ahrtalbahn, Haltestelle Dernau oder Walporzheim, von dort per Fuß gut erreichen | **Anfahrt** auf der B 267 in der Ortsmitte in die Klosterstraße einbiegen, Parkplätze sind bei Großveranstaltungen rar | **Tipp** Im Advent findet in der Klosterruine mit dem »Wein-Nachtsmarkt« ein Weihnachtsmarkt der etwas anderen Art statt.

81__Der Alemannen-Zirkel

Die Spur der wandernden Studenten

Genau zwischen Laach und Mayschoß – schräg gegenüber dem Hotel »Lochmühle« – erhebt sich ein schroffer Fels. Das ist im Ahrtal nichts Ungewöhnliches. Doch darauf prangt in luftiger und schier unerreichbarer Höhe ein fast einen Meter hohes schwarz-weißes Graffito. Es handelt sich hierbei um den Zirkel der liberalen und dachverbandsfreien Burschenschaft Alemannia Bonn 1844. Ein Zirkel, kalligrafisch gestaltet, ist das markante Erkennungszeichen studentischer Verbindungen. Geschrieben stehen hier die Buchstaben A, G, E, F und V für die Wörter Alemannia, Gott, Ehre, Freiheit und Vaterland. Wie der Zirkel an die Ahrtaler Felswand gelangte, ist nicht überliefert, angesichts der Höhe dürfte es auf jeden Fall einige Mühe gekostet haben. Ziemlich sicher ist der Zirkel an einem feuchtfröhlichen Vatertag entstanden. Denn zu Christi Himmelfahrt gehen die Alemannen aus Bonn seit einer gefühlten Ewigkeit in Couleur auf Wanderschaft. Die Tour allein ist schon ein Erlebnis, doch der Höhepunkt findet im nahe gelegenen Dernau statt. Da nehmen die Burschenschaftler am Tauziehen-Wettbewerb des dortigen Junggesellenvereins teil. Das Resultat ist je nach Tagesform mal mehr, mal weniger erfolgreich. Denn es gibt im Rahmenprogramm des Tauziehens auch einen Schnell-Trink-Wettbewerb. In jedem Falle sind alle Teilnehmer nach diesem Event ausgesprochen bierselig. Ein Sieg ist übrigens nur fakultativer Natur, denn der Spaß zählt.

Auch wenn der Zirkel in Mayschoß langsam an Farbe und Deckkraft verliert, erinnert er an die überregionale Strahlkraft, die das Ahrtal auf die gesamte Großregion hat. An Vater- oder Männertagen trifft man zahlreiche Trüppchen mit Bollerwagen und Bierfässchen auf den Wanderwegen, die gelegentlich Station an verschiedenen Weingütern machen – oder man trifft vielleicht die Bonner Studenten auf dem Weg zum sportlichen Wettbewerb an Seil und Glas.

Adresse zwischen den Ortsteilen Laach und Mayschoß, beim Hotel »Lochmühle«, 53508 Mayschoß | **Anfahrt** der Zirkel liegt direkt an der B 267 bei einer scharfen Kurve in Richtung Laach, hier gibt es auch einen Wanderparkplatz | **Tipp** Gut 20 Meter rechts hinter dem Zirkel führt ein altes Tor auf einen kleinen Pfad, der einen atemberaubenden Blick auf Weinberge, Felsen und bewaldete Hügel bietet.

82 Der Brunnen mit der »Stitz«

Der Ort, an dem Wein und Wurstwasser fließen

Viele Dinge des täglichen Gebrauchs haben im Ahrtaler Dialekt ihren ganz eigenen Namen. Die Mundarten variieren von Dorf zu Dorf, und manches hochdeutsche Wort wird schlicht ersetzt. Die Umbenennungen machen auch vor simplen Gegenständen nicht halt, wie zum Beispiel Kannen. Die nennt der Mayschoßer schlicht und ergreifend »Stitz«. Auch wenn die Kannen früher aus Holz, dann aus Aluminium gefertigt waren und heutzutage sogar aus Plastik sein können, blieb die »Stitz« als umgangssprachliche Bezeichnung bestehen. Die Herkunft des Begriffs ist nicht bekannt.

In Mayschoß hat man dem auch für die Weinwirtschaft essenziellen Behältnis ein großes Denkmal gesetzt. Am Platz an der Hauptstraße steht der sogenannte Stitzbrunnen. Vollständig aus Marmor gefertigt, zeigt er, wie das Wasser plätschernd von »Stitz« zu »Stitz« fließt. Mit solchen Kannen konnte man im Alltag eine Menge machen. Und manchmal wurde die »Stitz« auch zweckentfremdet, besonders in früheren Zeiten. Plagte die Winzer und Kellermeister nach einem harten Arbeitstag im Weinberg und Weinkeller der Hunger, wurden oftmals Jungs als »Boten« auf der Straße rekrutiert, um zum Metzgermeister um die Ecke zu laufen. Eine beliebte Brotzeitspeise war damals wie heute ein guter Ring hausgemachte Fleischwurst, den die Jungs für wenig Geld besorgten. Da in den Weinkellern stets siedend heißes Wasser in rauen Mengen vorhanden war, nutzte man dies auch für die Zubereitung der Mahlzeiten. Aus dem dampfenden Kessel wurde Wasser per »Stitz« entnommen, die gleichzeitig als Kochgefäß diente. Dort wurde die Fleischwurst hineingelegt, mit einem Brett oder einem Stein abgedeckt und im heißen Wasser gesiedet oder zumindest erwärmt. Das Ergebnis war ebenso delikat wie deftig. Auch der Botenjunge ging nicht leer aus: Statt Trinkgeld gab es die leckeren Fleischwurstenden.

Adresse gegenüber der Einmündung der Waagstraße an der B 267, 53508 Mayschoß |
Anfahrt von Bad Neuenahr-Ahrweiler kommend befindet sich der Brunnen etwa 200 Meter
nach der Ortseinfahrt auf der rechten Seite direkt gegenüber der Ahr | **Tipp** Wer die weit
über die Grenzen des Ortes bekannte Mayschoßer Fleischwurst kosten möchte, hat hierzu
bei der Metzgerei Wieland (Dorfstraße 9) die Gelegenheit.

83 Die Monorackbahn

Mit der Bahn durch die Steillage

Steil, steiler, Ahrtal: Kaum ein anderes Bild prägt die Ahrregion so sehr wie die steilen Weinberge mit ihren Trockenmauern. Von einem Steilhang spricht man, wenn er eine Steigung von mindestens 30 Prozent aufweist, und der Vorteil der Lage im hohen Hang für die Reben ist: Sie bleiben von eisigen Lüftchen weitestgehend verschont, da die kühle Luft schnell ins Tal sinkt und keine größeren Schäden an den Pflanzen verursacht. Die ausgezeichnete Sonnenexposition ist ein weiterer Grund für den Anbau im hoch gelegenen Fels.

Doch die Trauben müssen auch irgendwann geerntet, sprich gelesen werden. Und wo Kletterausrüstung wie Haken und Gurte nicht mehr ausreichen, bedient man sich eines motorisierten Hilfsmittels: der Monorackbahn. Dabei handelt es sich um eine Zahnradbahn mit Benzin- oder Dieselmotor, die auf einer Schiene gemächlich durch die Steilhänge tuckert. Überall dort, wo der Mensch nur unter großen Mühen klettern kann, ist die Bahn für die Winzer unentbehrlich geworden. Sie transportiert Gerätschaften hoch und mitunter auch die gelesenen Trauben ins Tal hinab. Manchmal mutet die Schienenführung mit steilen Kurven und vielen Windungen geradezu abenteuerlich an. Auch das Winzerpersonal kann dank eingebauter Sitzmöglichkeit mit dem Gefährt durch den Weinberg fahren, was allerdings auf der holprigen Fahrt nicht gerade rückenschonend ist.

Monorackbahnen sind zwar kein alltäglicher Anblick im Ahrtal, aber mittlerweile auch kein seltener mehr. Vor allem im Bereich der Mittelahr zwischen Reimerzhoven und Altenahr sind sie vielerorts zu finden. In Ahrweiler kann man gar unter einer »Monorack-Brücke« durchgehen. Zum ersten Mal zum Einsatz kam eine Ahrtaler Monorackbahn an der Lage »Altenahrer Eck«. Dort, gleich neben der Ruine der Burg Are, sind die Wingerte besonders unwegsam, rau und steil. Aber eben auch besonders malerisch.

Adresse eine gut zugängliche Monorackbahn gibt es in der Nähe des Bahnhofs, neben dem Saffenburger Tunnel, 53508 Mayschoß | **ÖPNV** Ahrtalbahn, Haltestelle Mayschoß, von dort 100 Meter zu Fuß | **Anfahrt** auf der B 267 auf die Brücke der Ahr-Rotweinstraße abbiegen, viele Parkplätze vorhanden | **Tipp** Der Mayschoßer Bahnhof beherbergt ein Restaurant, das den Charme einer kleinen Studenten-»Ausstellung« besitzt.

84 Der runde Kreuzweg
Sakraler Kranz zwischen Kirche und Weinbergen

Klar, Kreuzwege gibt es im seit Jahrhunderten katholisch geprägten Ahrtal nicht wenige. Als Beispiele seien hier der ebenfalls in diesem Buch aufgeführte Kreuzweg zum Calvarienberg in Ahrweiler oder die in zahlreichen Kirchen der Region zu findenden Kreuzwege genannt. Allerdings unterscheidet sich die Mayschoßer Version doch deutlich von den meisten »Kreuzweg-Mitbewerbern«. Das fängt schon mit der bloßen Länge an, schmiegt er sich doch in harmonischer Weise wie ein sakraler Kranz rund um die altehrwürdige St.-Nikolaus-und-St.-Rochus-Kirche. Heißt: Auch der eher lauffaule Besucher kann die 14 Stationen ohne großen Aufwand bewältigen und sich die jeweils auf klassischem Bruchsteinsockel errichteten Bilderreliefs mit aufgepflanztem Basaltkreuz in Ruhe anschauen. Eine Besonderheit ist zudem die farbige Gestaltung der Reliefs.

Ist es zur einen Seite die Kirche, so sind es zur anderen Seite überwiegend Weinberge, die den Kreuzweg flankieren – passend zum vom Rebensaft dominierten Weindorf Mayschoß. So kann beim Rundweg der Blick über Reben, Ahrberge und das leicht talwärts gelegene Mayschoß schweifen. Und wer statt mit dem Auto zu fahren, zu Fuß durch den Ort geht, erhält schöne Blicke in alte Gassen, auf pittoreske Häuser und traditionsreiche Weingüter. Je nach äußeren Umständen wie Nebel oder Dämmerlicht wirkt das Ganze gar etwas gespenstisch-mystisch. Erst im Jahr 2009 erhielt der Anfang des 20. Jahrhunderts angelegte Kreuzweg eine umfangreiche Restauration und kann so den Wettereinwirkungen deutlich besser trotzen.

Nach Begehung des Kreuzwegs ist ein Besuch der über 100 Jahre alten St.-Nikolaus-Kirche quasi Pflicht. Zu ihren besonderen Sehenswürdigkeiten zählt das aus schwarzem, belgischem Granit gefertigte Hochgrab der Gräfin Katharina von der Mark. Der nahe Friedhof, direkt an der Kirche, dokumentiert ein Stück Bestattungskultur früherer Tage.

Adresse Dorfstraße (direkt an der St.-Nikolaus-und-St.-Rochus-Kirche), 53508 Mayschoß |
ÖPNV Ahrtalbahn, Haltestelle Mayschoß, von dort 20 Minuten zu Fuß | **Anfahrt** von der
B 267 in die Dorfstraße abbiegen, von dort circa 500 Meter zu Fuß | **Tipp** Mayschoß hat
auch noch einen »Sieben-Stationen-Kreuzweg« zu bieten, der vom Ort aus über Weinberg-
pfade zum Bockshardtkreuz führt.

85 Der Saffenburger Tunnel

Kunst im Herzen des Berges

Der 23. September 1878 war ein besonderer Tag in der Geschichte des Ahrtals. Ein Ministerialrat verfügte, dass in Zukunft eine Eisenbahn zur Beförderung von Personen entlang der Ahrwindungen tuckern sollte. Die daraufhin errichtete Ahrtalbahn verbindet auch heute noch als eine der wichtigsten Rheinnebenstrecken die Orte Ahrbrück und Remagen.

Die Strecke bietet einige Eisenbahnromantik, die bekanntermaßen erst dann so richtig aufkommt, wenn es auch eine gewisse Anzahl von Tunneln gibt. An der Ahr sind es deren fünf, und einer davon ist der Saffenburger Tunnel. Bei diesem Bauwerk handelt es sich um einen Zwilling: Durch eine Röhre fährt die Ahrtalbahn, und durch die andere führt ein Rad- und Fußgängerweg. Damit erspart man sich die mühsame Umrundung des Saffenbergs mit seiner trutzigen Burgruine auf der Spitze.

Der Tunnel zum Durchspazieren ist alles andere als eine Schönheit. Neonlicht und graue Wände lassen ihn wie den Gang einer Kohlenmine wirken. Doch es gab einige Jugendliche, die dem Saffenburger Tunnel etwas mehr Farbe verleihen wollten. Unter der Leitung des Jugendtreffs Mayschoß, des Vereins »Pro Büro für Jugendarbeit« und fünf weiterer Einrichtungen ließen die Kids ihrer Kreativität freien Lauf und schufen insgesamt 16 Bilder, deren Motive vielfältiger kaum sein könnten. Sie hängen in regelmäßigen Abständen an der Tunnelwand und entfalten durch das kalte weiße Licht der Neonröhren eine Art von Künstlichkeit und Distanz. Die Galerie steht unter dem Titel »Begegnungen« und versprüht dank der gerundeten Tunnelwände aus Beton gar industrielles Flair, das im ländlichen Ahrtal nur höchst selten anzutreffen ist. Insgesamt 235 Meter lang ist der Tunnel für Fußgänger und Radler. Doch Achtung: Nachts wird das Neonlicht ausgeschaltet. Daran sollte man denken, wenn zum Beispiel nach dem Besuch einer Weinstube in Mayschoß der Heimweg quer durch den Berg führt.

Adresse in der Nähe der Ahr-Rotweinstraße, 53508 Mayschoß | **ÖPNV** Ahrtalbahn, Haltestelle Mayschoß | **Anfahrt** auf der B 267 biegt man in Mayschoß auf die einzige Ahr-Brücke, viele Parkplätze vorhanden; natürlich ist der Tunnel auch von Rech aus zu erreichen, das ebenfalls an der B 267 liegt | **Tipp** In den zum Ort gehörenden Weinbergen findet man mit der »Akropolis« einen Aussichtspunkt, der einen hervorragenden Blick bietet.

86 Die Frankensiedlung
Symbiose aus Natur und Geschichte

Es war ein langer Weg, bis der Verein »Frankensiedlung Nithrindorp« eine Heimat gefunden hatte. 2011 in Nierendorf gegründet, um eine authentische Frankensiedlung zu errichten, konnten Planungen, die Siedlung in Nierendorf, Ringen, Esch oder Niederzissen entstehen zu lassen, ebenso wenig realisiert werden wie ein ins Auge gefasster möglicher Standort in Marienthal. Mit dem Areal am Ortsrand von Nierendorf konnte die fast schon unendliche Geschichte rund um einen Bauplatz für die Frankensiedlung sehr zur Freude des rührigen Vereins im Jahr 2018 beendet werden. Die Fläche passt auch im historischen Kontext recht gut, belegen doch archäologische Funde antike römische Besiedelung. Und die Franken formierten sich im 2./3. Jahrhundert im von den Römern besetzten Germanien.

Die Frankensiedlung hat sich in ihrem noch recht kurzen Bestehen schon entwickelt und wird dies sicherlich auch weiterhin tun, denn man möchte keinesfalls ein starres Museum sein, sondern auf lebendige Weise das Alltagsleben der Franken darstellen. Schon jetzt finden sich hier zahlreiche Pflanzen, die bereits von den Franken genutzt wurden. Heute fast schon exotisch anmutende Gewächse wie Pastinaken, Heckzwiebeln oder Winterrettich werden kultiviert. Darüber hinaus wurden Bäume und Hecken gepflanzt, es gibt einen Bienenstand, eine Weinbergmauer, ein Feuchtbiotop und einen Rückzugsort für Niederwild.

Die Frankensiedlung nimmt regelmäßig an Aktionen wie dem »Tag des offenen Denkmals« oder dem »Ahrtaler Gipfelfest« teil. An Sommertagen lädt das bunte Pflanzen- und Blumenmeer der Frankensiedlung aber auch einfach »nur« zum Verweilen und Gedanken-schweifen-Lassen ein. Im Rahmen des Projekts »Solawi« legten Kinder der Grundschule Leimersdorf im Gemeinschaftsgarten eigene Gemüsebeete an. Mit etwas Ernteglück können Besucher so frisches Obst und Gemüse direkt mit nach Hause nehmen.

Adresse Am Hang, 53501 Grafschaft-Nierendorf (am Ende der Straße nach rund 150 Metern auf der rechten Seite) | **ÖPNV** DB RegioBus, Linie 834, Haltestelle Nierendorf | **Anfahrt** über die L 80 bis ins Zentrum von Nierendorf, dann in die Brückenstraße abbiegen, von hier in Am Hang abbiegen | **Tipp** Frische Eier von (wirklich!) glücklichen Hühnern sowie (saisonal) Suppenhühner, Brathähnchen, Rind- und Schweinefleisch aus eigener Erzeugung gibt es auf dem nahen »Karlshof« (Römerstraße / Karlshof).

87 __ Der Feuerwehr-Brunnen
Vom Notbrunnen zur Brandbekämpfung

Als sogenannter »Höhenstadtteil«, immerhin zehn Kilometer von Bad Neuenahr-Ahrweiler entfernt, droht Ramersbach oftmals ein wenig in Vergessenheit zu geraten. Umso glücklicher war man, als das Dorf nach dem Zweiten Weltkrieg ein umfassendes Wassernetz erhielt. Gespeist wurde das Trinkwassersystem aus den am »Düsselbergs Nähr« bei Blasweiler gelegenen Quellen. Perfekt war das Ganze aber noch nicht, denn in trockenen Jahren herrschte in den Ramersbacher Wasserhähnen im Sommer absolute Ebbe. Die Menge an kostbarem Nass reichte bei Weitem nicht aus, um die Bevölkerung und das noch reichlich vorhandene Nutzvieh zu versorgen. Das lag nicht nur daran, dass die Hochbehälter auf die steigende Einwohnerzahl nicht ausgerichtet waren, sondern auch an einer heute geradezu unglaublich anmutenden Milchkühlungsmethode der Landwirte, die ihre an die Molkerei abzugebende Milch in ständig laufendem Wasser kalt hielten. Wasserzähler gab es in den Häusern noch nicht … In manchen Jahren kam es vor, dass der Wasserverbrauch stark reduziert werden musste. Dann gab es pro Tag nur eine Stunde lang Wasser aus der Leitung.

So war man wieder auf Brunnen angewiesen, doch die weitverbreiteten Hausbrunnen hatten viele Ramersbacher bei Baumaßnahmen zugeschüttet oder komplett entfernt, ein fließendes Gewässer gab es nicht. Deshalb avancierte der bis heute existierende Dorfbrunnen, vom Volksmund auch »Kirberichs Pötz« genannt, zur einzig zuverlässigen Quelle. Hieraus wurde mit Eimern das Wasser zur Tränkung des Viehs und für den allgemeinen Bedarf geschöpft. Eine mühselige Prozedur, die aufgrund des Andrangs oft mit langen Wartezeiten verbunden war, aber immerhin die Kommunikation der Dorfbewohner untereinander förderte. Das alles ist längst Geschichte, und zwei große Schlauchanschlüsse an und in der gemauerten Brunnenstube verraten dessen heutigen Zweck als Feuerwehrbrunnen.

Adresse Mayener Straße, 53474 Ramersbach | **ÖPNV** Ahrtalbahn, Haltestelle Ahrweiler, von dort mit dem RegioBus weiter bis Ramersbach | **Anfahrt** über die Ramersbacher Straße, die in die Mayener Straße mündet, nach Ramersbach, der Brunnen befindet sich direkt neben der Pfarrkirche St. Barbara | **Tipp** Neben dem Feuerwehrbrunnen kann die 1907/1908 erbaute St.-Barbara-Kirche besichtigt werden.

88 Die Bären in der Bärenbach

Steinernes Denkmal für Meister Petz

So viel lässt sich vorwegnehmen: Warum der heute größtenteils unterirdisch durch Rech fließende Bärenbach einst seinen Namen erhielt, konnte bislang trotz intensiver Recherchen vor Ort sowie in historischen Schriften nicht ermittelt werden. Lebte hier, wo sich heute enge Straßen durch das urige Weindorf ziehen, einst tatsächlich Meister Petz? War Rech die Hochburg einer üppigen Braun- und/oder Schwarzbärenpopulation? Man weiß es nicht, und selbst eingefleischte Recher Ureinwohner finden auf all diese Fragen keine Antwort.

Und dennoch, irgendwie heißt es rund um den Bärenbach und die Bärenbachstraße »nomen est omen«. Das liegt zum einen am hier beheimateten, von der Familie Schreier geführten »Winzerhof Bärenbach«. Der lockt in den Monaten Mai bis Juni und September bis Oktober in seine gemütliche Straußwirtschaft samt idyllischem Innenhof, die nicht nur Weine der »Dagernova Weinmanufaktur« ausschenkt, sondern unter anderem auch das kultige Roggenmischbrot aus Natursauerteig sowie weitere Leckereien und Erfrischungen bereithält. Das Brot wird im anno 1902 aus Mayener Tuff erbauten Steinbackofen des Winzerhofs Bärenbach gebacken und ist ausschließlich hier zu haben. Eine Straußwirtschaft mit eigenem historischen Backes – das ist auch im Ahrtal alles andere als alltäglich.

Doch zurück zu den Bären, denen ein Recher Verschönerungsverein gegenüber dem Winzerhof ein echtes Denkmal geschaffen hat. Hier, direkt am Weg zum bekannten Steinerberg und nah am Rotweinwanderweg, begrüßen zwei steinerne Bären den rastenden Wanderer. Ob der Bärenbach einst so große Fische beheimatete wie das vom größeren der beiden Bären gefangene Exemplar, ist zumindest fraglich. Sei's drum, auf jeden Fall wirkt das Rauschen des unter dem »Denkmal« verlaufenden Bärenbachs beruhigend, während die zwei steinernen Pelzkameraden nicht selten als Fotomotiv herhalten müssen.

Adresse Bärenbachstraße 15 (und gegenüber), 53506 Rech | **ÖPNV** Ahrtalbahn, Haltestelle Rech, von dort circa zehn Minuten zu Fuß | **Anfahrt** von der B 267 über die Nepomukbrücke auf die Brückenstraße, die in die Bärenbachstraße mündet | **Tipp** Mit dem »Winzerhaus Alfons Hostert« (Bärenbachstraße 13) gibt es gegenüber dem »Bären-Denkmal« eine weitere traditionsreiche Wein-Wirtschaft, die immer einen Besuch wert ist.

89 Die Krippenausstellung

Weihnachten bis zum Horizont und weiter

So eine richtig voluminöse Weihnachtskrippe mit allen Schikanen ist ein echter Hingucker. Wenn das Wohnzimmer mit Wurzeln, Hirten und Schafen vollgestellt ist und Maria und Josef auf dickem Moos aus heimischem Wald stehen und ihr Kind betrachten, wird auch der eingefleischteste Weihnachtsmuffel beeindruckt sein. Ein derartiges Krippen-Wunderland gibt es alljährlich von Mitte November bis Anfang Februar bei den Gebrüdern Franz-Rudolf und Josef Niethen in Rech zu sehen. Und »Wunderland« ist in diesem Zusammenhang keine Übertreibung. In den Räumlichkeiten der ehemaligen Bäckerei Niethen werden über 300 Krippen aus zahlreichen Ländern von allen Kontinenten ausgestellt. Ob Kolumbien, Japan oder Nordamerika – jedes Land, in dem Christen Krippen bauen, ist mit mindestens einem Exemplar vertreten. Ebenso groß ist die Bandbreite des verwendeten Baumaterials, das von Holz und Stein über Gips und Glas bis hin zu Kunststoff reicht.

Fast schon erschlagend für den Betrachter sind die unzähligen Details. Da gibt es die Winzerkrippe im Ahrtal mit der kölschen Theaterlegende Willy Millowitsch als Erntehelfer oder die von Matrosen und Prostituierten bevölkerte Hamburger Milieu-Krippe. Natürlich sind auch alle Krippengrößen vorhanden. Ein Raum reiht sich an den nächsten mit immer neuen Krippen, und just in dem Moment, in dem das Ende des weihnachtlichen Flashs gekommen zu sein scheint, tauchen am Horizont die nächsten Krippen auf. Das Ganze wird kitschig-schön abgerundet durch jede Menge Heiligenbilder und andere christliche Devotionalien. Was einst bescheiden mit der Hauskrippe der Eltern begann, haben Franz-Rudolf und Josef Niethen zu einer der größten Krippenausstellungen der Welt expandieren lassen.

Und für den Besuch nehmen sie noch nicht einmal Eintritt, freuen sich aber sehr über eine Spende, die sie alljährlich einer karitativen Einrichtung übergeben.

Adresse Rotweinstraße 18, 53506 Rech | **Anfahrt** die Rotweinstraße ist zugleich die B 267, die zentrale Straße des Ortes | **Öffnungszeiten** Mitte Nov.–Anfang Feb. So, Feiertage 14–17 Uhr, Gruppenführungen nach Vereinbarung, Tel. 02643/7053 | **Tipp** Nur wenige Meter von der Krippenausstellung entfernt führt mit der St.-Nepomuk-Brücke die älteste Ahrquerung in den pittoresken Ortskern des Weindorfs Rech.

90__Das Weingut & Restaurant St. Nepomuk

Wie das Ahrtal dem Kölner Karneval
auf die Sprünge half

Nein, auf den Karneval wollte man in Köln nie gerne verzichten, auch wenn die Zeiten noch so hart waren. Und das waren sie im September 1945 auf jeden Fall. Der Zweite Weltkrieg war erst seit vier Monaten beendet, die Stadt weitgehend zerstört. Es fehlte oftmals am Notwendigsten, und doch, das zarte Pflänzchen des »Fastelovends« keimte inmitten der Trümmer wieder auf. Auch Willy Jacobi und seine Mitstreiter Josef Boley, Heinz Münchow und Josef Fabry wollten das närrische Treiben wiederbeleben. Die Gründung einer Karnevalsgesellschaft sollte diesen Traum wahr werden lassen. So weit, so gut – aber was hat das alles mit dem Ahrtal zu tun? Die Antwort ist nicht schwer: Nachkriegsdeutschland war in Besatzungszonen aufgeteilt. Köln gehörte zur britischen Zone, wo im Herbst 1945 noch ein Versammlungsverbot herrschte. In der französischen Zone hatte man dieses Verbot bereits aufgehoben – und zu der gehörte auch das Ahrtal.

Also machten sich die Kölner auf den Weg an die Ahr, wo man im damaligen Weinkeller des Recher Winzervereins die »Kölnische Karnevalsgesellschaft von 1945 e. V.« aus der Taufe hob. Es war der Auftakt einer Erfolgsgeschichte. Die »Kölnische« stellte seither nicht nur mehrfach das Kölner Dreigestirn, sondern ist auch seit vielen Jahren mit über 250 Personen die größte Fußgruppe des Kölner Rosenmontagszuges. In den 1970er Jahren kaufte die Familie Schatz das Anwesen und eröffnete hier ein Restaurant und Weingut, das heute von Küchenmeister Peter Schatz und Winzermeister Matthias Schatz geführt wird. Neben vielfach prämierten Ahrweinen aus eigener Herstellung gibt es im »St. Nepomuk« jahreszeitliche Speisen mit regionalen Zutaten, vom erlesenen Menü über deftige Hausmannskost bis hin zu frisch gebackenem Kuchen. Im Gewölbekeller erinnert eine Gedenktafel samt Schärpe an das Ereignis.

Adresse Rotweinstraße 5, 53506 Rech, www.stnepomuk-rech.de | **ÖPNV** Ahrtalbahn, Haltestelle Rech, von dort nur wenige Schritte | **Anfahrt** das»St. Nepomuk« liegt direkt an der Rotweinstraße, der zentralen Straße durch Rech, unweit des Ortsausgangs | **Öffnungszeiten** Fr–Di ab 11.30 Uhr | **Tipp** Rech ist alljährlich im Dezember Schauplatz des »Lucia-Markts«, einem der beliebtesten Adventsmärkte der Region.

91 Das Caracciola-Denkmal

Eine Hommage an den »Regenmeister«

Für einige Experten ist Rudolf Caracciola nicht nur der beste Motorsportler der 1920er und 1930er Jahre, sondern auch der bis heute größte Rennfahrer aller Zeiten – trotz legendärer »Nachfolger« wie Michael Schumacher oder Sebastian Vettel. Auf jeden Fall war der Sohn eines Hoteliers und Weingroßhändlers maßgeblich am Mythos der Mercedes-Silberpfeile beteiligt, die vor dem Zweiten Weltkrieg die Rennstrecken Europas dominierten. Allein drei Europameistertitel, vergleichbar mit der heutigen Formel-1-Weltmeisterschaft, gewann Caracciola zwischen 1935 und 1938. Weitere Titel wie drei Europa-Bergmeisterschaften, eine Teilnahme am berühmten Rennen von Le Mans sowie 144 Siege in 204 abgeschlossenen Rennen kamen hinzu. 1931 gewann Caracciola als erster Nicht-Italiener die legendäre »Mille Miglia«. Am 28. Januar 1938 erzielte er auf der Autobahn Frankfurt–Darmstadt mit 432,7 Stundenkilometern den bis heute gültigen Geschwindigkeitsrekord auf einer öffentlichen Straße. Die absolute Beherrschung des Wagens auch auf nasser Fahrbahn brachte ihm den Beinamen »Regenmeister« ein.

In Caracciolas Geburtsstadt Remagen hält man das Gedenken an den 1959 im Alter von 58 Jahren in Kassel verstorbenen Rennfahrer wach. An einer Hausfassade in der Straße Am Spich erinnert ein Gemälde an den späteren Wahl-Schweizer, doch noch greifbarer ist der Mythos Rudolf Caracciola dank des zu seinen Ehren gestalteten Denkmals unweit der Remagener Rheinpromenade. 2001 vom Verschönerungsverein Remagen und der Daimler-Chrysler AG aufgestellt, zeigt die Skulptur neben Caracciola im Renn-Outfit den Mercedes-Stern sowie den unvermeidlichen Silberpfeil. Das eingeprägte Zitat des früheren Mercedes-Rennleiters Alfred Neubauer dokumentiert die Klasse von Rudolf Caracciola eindrucksvoll: »Meiner Meinung nach ist von allen Fahrern der ganzen Welt Rudolf Caracciola der größte gewesen.«

Adresse Deichweg, 53424 Remagen | **ÖPNV** Ahrtalbahn, Haltestelle Remagen, von dort 15 Minuten zu Fuß | **Anfahrt** von der B 9 auf Am Spich abbiegen, dann auf den Deichweg | **Tipp** Nicht weit vom Denkmal entfernt (Kirchstraße 9) ist das Römische Museum Remagen beheimatet – ein echter Museums-Geheimtipp in der Ahrregion.

92 Die historische Birnbaumallee

Ein überraschend großartiges Rundgemälde

Eigentlich braucht es gar nichts »Besonderes«, um den Reiz des hoch über Remagen, dem Rheintal und dem Ahrtal gelegenen Plateaus »Auf Kirres« zu entdecken. Weite Felder, dazwischen und dahinter immer wieder alter Hochwald, vereinzelte Gehöfte, das verwunschene Forsthaus Erlenbusch und an vielen Stellen faszinierende Fernblicke – diese auch vom Rheinburgenwanderweg gestreiften Gefilde gefallen nicht nur Wanderern. Die Schönheit des »Kirres« rückte man schon Ende des 19. Jahrhunderts in den Fokus, als die seinerzeit noch schmaleren Pfade zu breiteren Spazierwegen ausgebaut wurden. Ein zeitgenössischer Reiseführer beschreibt es treffend: »Man versäume nicht, einen Spaziergang von zehn bis fünfzehn Minuten in diesem Gebiet westwärts zu machen; denn bald schon tut sich hier nach allen Seiten hin ein überraschend großartiges Rundgemälde auf … Dabei ist auch die nähere Umgebung mit ihren wogenden Ährenfeldern, blüten- und fruchtreichen Obstbäumen und geregelten Flurlinien, welche bunte Teppichmuster über die Ebene breiten, nicht ohne Reize.«

Ebenjene Obstbäume – genauer gesagt waren es 460 Birnbäume – wurden 1887 entlang der Hauptwege gepflanzt. Drei Jahre später folgten 6.000 Obstbäume aus der Provinzialbaumschule Brauweiler, die von der Gemeinde auf verschiedenen Grundstücken gesetzt wurden. Nach und nach verschwanden durch Flurbereinigungen die meisten dieser Bäume, doch aus den letzten verbliebenen Birnbäumen wurden weitere Birnbäume gezogen und 2008 vom Verschönerungsverein Remagen und der Stadt Remagen »Auf Kirres« gepflanzt. Eine Sitzgruppe samt Infotafeln zum Siebengebirge und den Birnbäumen rundet das Ganze ab.

Aufgrund ihrer historischen Bedeutung stellen die Birnbäume »Auf Kirres« ein bedeutsames Landschaftselement dar.

Adresse Heimersheimer Pfad, 53424 Remagen | **ÖPNV** Ahrtalbahn, Bahnhof Remagen, von dort circa eine Stunde zum Teil steiler Fußweg | **Anfahrt** über die B 9 auf die Bergstraße, dann der Walburgstraße bis zum Heimersheimer Pfad folgen, von hier aus sind es circa 500 Meter zu Fuß | **Tipp** Nur einen rund 40-minütigen Fußweg entfernt befindet sich die »Straußenfarm Gemarkenhof« (Auf Plattborn 7) mit Restaurant und Hofladen, die auch Führungen anbietet.

93_Das Pfarrhoftor

Die Todsünden in Stein gemeißelt

Wer als frommer Christ im Mittelalter den Hof der Pfarrkirche St. Peter und Paul betrat, dem muss es angst und bange gewesen sein. Denn schon das Tor dorthin zeigt auf, was es tunlichst zu unterlassen galt: das Sündigen. Das Tor stellt in Reliefs alle Todsünden in sehr plastischer Form dar. Ganze 3,50 Meter ist die Pforte hoch, hat eine uralte Geschichte und wirkt alles andere als fromm, sondern recht heidnisch und irgendwie düster.

Datiert wird der steinerne Durchgang auf das Jahr 1180, doch seine Steine sind einer römischen Niederlassung mit dem Namen Ricomagus ganz in der Nähe zuzuordnen. Die Reliefs bestehen überwiegend aus Tiermotiven in unchristlichen Posen. Zwei streitende Vögel symbolisieren den Neid, ein unidentifizierbares Tier in springender Bewegung zeigt den Zorn. Auch monströse Fabelwesen sind zu sehen.

Grundsätzlich haftet allen Darstellungen etwas sehr Negatives an, das gilt auch für eine zweite Anordnung von Reliefs, die gleich neben dem großen Torbogen auszumachen ist. Dort dominieren Darstellungen von Menschen, die sich alles andere als christlich verhalten. Ein hochmütiger Ritter tritt seinen soeben besiegten Kontrahenten, und ein Landmann schändet gar einen Baum. Halbwegs positiv ist einzig der biblische Samson, der dem feuerspeienden Drachen den Garaus macht. Mitnichten sind alle Rätsel geklärt. Die genannten Deutungen sind lediglich als »ziemlich richtig« einzustufen. Somit bleibt der Pfarrbogen mysteriös und unheimlich. Als gewiss gilt die Funktion des kunstvollen Tors. Es sollte den Kirchenbesucher daran erinnern, wie man es *nicht* macht. Sei fromm, sonst drohen Elend und die Hölle, ist die Aussage der Reliefs. Die dargestellten Szenen sollten wohl eine rein abschreckende Wirkung haben. Die theologische Bedeutung und die Bibelreferenzen der Reliefs werden dem gemeinen Volk des Mittelalters verborgen geblieben sein.

Adresse Kirchstraße 32, 53424 Remagen | **ÖPNV** Ahrtalbahn, Haltestelle Bahnhof Remagen | **Anfahrt** von der B 9 aus Richtung Sinzig rechts abbiegen auf Am Spich, dann der Beschilderung folgen | **Tipp** Ganz in der Nähe der Kirche, in der Milchgasse, kann man die Reste der mittelalterlichen Stadtmauer besichtigen.

94_ Die Waldburg

Keine Spur mehr von 50er-Jahre-Betriebsausflügen

Es muss drinnen und draußen einiges los gewesen sein, als die Remagener »Waldburg« so richtig boomte. Auf der Außenterrasse genoss man bei Kaffee und Kuchen die Aussicht, widmete sich in der hauseigenen Tennishalle dem Spiel mit dem Filzball oder trank drinnen an der Theke ein Bier. Sich dieses lebendige Treiben vorzustellen erfordert heute allerdings einiges an Imaginationskraft, denn das ehemalige Hotel ist längst ein »Lost Place« geworden, der dieses Prädikat in vollem Umfang verdient. Von besagter Außenterrasse sind bestenfalls noch Umrisse zu sehen, den Gebäuden kann man im wahrsten Sinne des Wortes beim Verfall zuschauen. Dieser Zustand würde den damaligen Mitgliedern des Verschönerungsvereins Remagen, die 1898 auf dem Victoriaberg mit dem Bau des »Hotels Waldburg« begannen, sicherlich nicht gefallen. Immerhin 28.335 Mark investierte man in die Errichtung des Restaurantgebäudes, das am 6. Januar 1900 seine Eröffnung feierte. Es folgten weitere Anbauten, darunter in den 1930er Jahren eine Doppel-Kegelbahn und zuvor eine große Waschküche.

Die »Waldburg« war ein überaus beliebtes Ausflugziel, und für Gäste, die länger bleiben wollten, standen 17 Hotelbetten zur Verfügung. Ganze Heerscharen kämpften sich in den 1950er Jahren im Rahmen der Betriebsausflüge den Berg hinauf, um es sich oben bei flotten Tanzweisen und üppigem Essen gut gehen zu lassen.

Doch auch die hartnäckigste Rheinromantik ebbte ab, das Freizeitverhalten änderte sich, und kleinkarierten Behörden war die große Tennishalle ein Dorn im Auge – das Ende für die »Waldburg«, die 1970 den letzten Gast bewirtete. Pläne, auf dem Victoriaberg ein Seniorenheim einzurichten, scheiterten ebenso wie der Bau eines Neurodermitis-Zentrums.

Es wäre auch schade gewesen, denn heute zählt die »Waldburg« wegen ihres morbiden Charmes zu den beliebtesten Lost Places im Rheinland.

Adresse Waldburgstraße, 53424 Remagen | **ÖPNV** Ahrtalbahn, Haltestelle Bahnhof Remagen | **Anfahrt** über die B 9 auf die Bergstraße, dann auf die Waldburgstraße abbiegen, etwa 600 Meter bis zu einer kleinen Kreuzung mit Altglascontainer, von dort zu Fuß circa 300 Meter geradeaus in den Wald hinein | **Tipp** Sozusagen auf dem gegenüberliegenden Berg befindet sich die weltberühmte Apollinariskirche, ein bedeutendes Denkmal der Neugotik und eine Wallfahrtsstätte.

95 Der weiße Herrgott
Kontemplation und gute Laune

Es gibt Orte, die haben eine besondere Anziehungskraft, ohne dass man dafür einen bestimmten Grund benennen könnte. Der am Waldrand gelegene »weiße Herrgott« ist so ein Ort. Der Volksmund berichtet davon, dass hier, wo sich mehrere Wege kreuzen, die Menschen schon immer gerne angehalten haben – um einfach nur zu rasten oder, vor allem als die Volksgläubigkeit noch ausgeprägter war als heute, um im Gebet zu verweilen. Dem Blick bietet sich ein abwechslungsreiches Panorama: hinten dichter Hochwald, rechts Felder, lichte Bäume und dahinter das Ahrtal, links in weiter Ferne das Siebengebirge. Das wussten offenbar schon die Römer zu schätzen, belegen doch archäologische Funde auf den nahen Äckern ein antikes Gehöft.

Ein historisches Wegekreuz, wie sie im Rheinland und somit auch im Ahrtal reichlich zu finden sind, ist der »weiße Herrgott« nicht. Wann genau das Holzkreuz mit dem namensgebenden weißen Christus-Korpus hier aufgestellt wurde, weiß niemand mehr so ganz genau. Verbürgt ist lediglich die letzte Neuaufstellung durch die Gemeinde im Jahr 1972. Nicht weit von Holzweiler und direkt an der Gemarkungsgrenze zu Lantershofen gelegen, gehört der Standort dennoch zur Gemarkung Ringen. Die besondere Anziehungskraft des auch als »Holzweiler Kreuz« bekannten Kruzifixes ist auf jeden Fall ungebrochen. Nicht nur zufällig vorbeikommende Wanderer, auch zahlreiche »Stammgäste« suchen immer wieder den »weißen Herrgott« auf – mit unterschiedlichen Intentionen. Während die einen meditativ betend die Ruhe suchen, genießen andere bei diversen mitgebrachten Kaltgetränken Natur und Aussicht. Regelmäßig werden Kerzen entzündet und das Kreuz mit frischen Blumen geschmückt. Ein Gläubiger hat sogar für »Konkurrenz« gesorgt und im Baum nebenan eine Mini-Mariengrotte geschaffen. Kontemplation und gute Laune liegen hier dicht beieinander, sicherlich sehr zur Freude des »weißen Herrgotts«.

Adresse am Waldrand, 53501 Grafschaft-Ringen | **ÖPNV** mit dem DB RegioBus (verschiedene Linien) bis Grafschaft-Bölingen, von dort ist nur ein gut einstündiger Fußweg möglich | **Anfahrt** über die L 83 (Rheinbacher Straße) bis Bölingen, dann am Ortsausgang Nähe Staudengärtnerei »Schweiss« abbiegen und auf bis zur »Bölinger Hütte« fahren, hier geradeaus auf den großen Waldweg und an der zweiten Wegkreuzung links abbiegen, nach circa 1,2 Kilometern stößt man auf den »weißen Herrgott« | **Tipp** Im Ringener »Innovationspark Rheinland« befindet sich eine große Produktionsstätte des Süßwarenherstellers »Haribo« mit Werksverkauf.

96 Der alte Eisenbahntunnel

Ein Durchgang mit Gruselfaktor

Gegenwärtig fährt die Ahrtalbahn bis nach Ahrbrück und passiert auf dieser Strecke fünf Tunnel. In früheren Zeiten dagegen fuhr sie noch weiter bis zur Endstation Adenau. Die Schienen wurden abgebaut, und die ehemaligen Bahnhofsgebäude haben größtenteils eine neue Bestimmung erhalten. Die Tunnel von damals sind noch da, so unter anderem in Dümpelfeld, Dorsel und Insul. Die meisten werden irgendwie genutzt, zum Beispiel als Materiallager, und manchmal führt auch ein Fahrradweg hindurch. Manche wiederum sind durch Wellblechzäune abgeriegelt und wecken so die Neugier von Spaziergängern und Wanderern.

Ein wirklich sehenswertes Exemplar befindet sich in Schuld direkt an der Ahr. Der Tunnel war Teil der ehemaligen Strecke von Dümpelfeld nach Jünkerath. Schon der Eingang wirkt archaisch. Wo einst Schienen den Weg vorgaben, wuchert nun Unkraut. 192 Meter ist der Schulder Tunnel lang, und alle paar Meter finden sich stumme Zeugen der Eisenbahnzeit. An verrosteten Halterungen hingen einst Lampen, die schon lange nicht mehr da sind. Ein weiterer interessanter Aspekt ist die Akustik in der schnurgeraden Röhre. Ein geschmettertes »Hallo!« kommt prompt als Echo zurück, was einem durchaus eine Gänsehaut bescheren kann. Der Tunnel ist laut der Beschilderung der Deutschen Bahn einsturzgefährdet, aber viele mutige Radfahrer und Wanderer trauen sich trotzdem hindurch. Eine weitere Attraktion ist die eindrucksvolle Trassenführung, die nicht nur für Eisenbahnfans interessant ist. Denn gleich hinter dem Tunnel befindet sich eine Ahrbrücke, ein Ort, der den pittoresken Charme einer Modelleisenbahnlandschaft versprüht.

Seit den 1970ern schnauft keine Lokomotive mehr durch Schuld. Übrigens war die Eisenbahnstrecke in Bezug auf Auslastung nie der Renner. Zumindest im Personennahverkehr. Von Bedeutung war sie lediglich als Güterzugstrecke während der beiden Weltkriege.

Adresse Hauptstraße, 53520 Schuld | Anfahrt von Bad Neuenahr-Ahrweiler kommend zunächst über die B 257, dann Richtung Insul beziehungsweise Schuld auf die L 73 abbiegen, der Tunnel ist gleich neben der Bubenleyhalle | Tipp Im kleinen Nachbarort Harscheid warten die St.-Donatus-Kapelle und eine handgeschnitzte Figur des heiligen Jodokus auf interessierte Besucher.

97 Die Bubenley

Der schroffste und manchmal bunteste Fels im Ahrtal

Die erdgeschichtlich interessante und optisch eindrucksvolle Fels-formation Bubenley in Schuld bei Adenau ragt an einem beson-deren Bogen der Ahr empor. Schroff, rau und voller Vorsprünge, erscheint der Fels wie ein Sinnbild für die Eigenheiten des oft als »wildromantisch« bezeichneten Ahrtals. Das Steinmassiv ist steiler als jeder Weinhang und bietet selbst für Gräser kaum Nährboden. In der Ahr fand der Felsen jedoch seinen Meister: Im Verlauf von Jahrmillionen fraß sich der Fluss durch das Gestein und schuf so den steilen Abhang. Der Ahrfelsen, wie der Volksmund ihn schlicht nennt, steht auf der linken Seite der Ahr als imposantes Markenzeichen des Dörfchens Schuld. Das Gestein der Bubenley machte es der Ahr mit ihrer flotten Fließgeschwindigkeit leicht: Aus Sand- und Tonstein bestehend, verrieselte der aus dem Zeit-alter des Unterdevon stammende Fels unter dem Druck des Was-sers praktisch von allein. Damals wurde der Sand der Bubenley in ein Flachmeer gespült – so entstand möglicherweise der erste und letzte Meeresstrand in der Geschichte des damals noch jun-gen Ahrtals.

Heute gibt es auf dem höchsten Punkt der Bubenley eine kleine Aussichtsplattform, die sich dank des Aufblühens des Wandersports im vergangenen Jahrzehnt immer größerer Beliebtheit erfreut. Der Ausblick, der sich von der Ley bietet, erlaubt bei klarer Witterung eine Sicht über viele Kilometer. Der Geopfad Schuld (Ahr-Eifel) führt hier Wanderbegeisterte vorbei.

Die Bubenley steht einmal im Jahr im Mittelpunkt des Dorf-geschehens, wenn das Fest »Ahrfelsen in Flammen« stattfindet, zu dem auch viele Besucher von auswärts anreisen. Im Rahmen der Ver-anstaltung wird der Fels in allen Regenbogenfarben festlich illumi-niert. Dazu gibt's ein großes Feuerwerk und jede Menge Livemusik. Außerdem macht das Rad-Event »Tour de Ahrtal« am Vorabend des Festes Station am uralten Ahrfelsen.

Adresse Nähe Bubenleyhalle, Hauptstraße, 53520 Schuld | Anfahrt von Bad Neuenahr-Ahrweiler kommend über die B 257, dann über die L 73 Richtung Schuld, an der Bubenleyhalle ist der Ahrfelsen bereits sichtbar | Tipp Es lohnt sich, einen Abstecher in den Nachbarort Insul zum sogenannten Wenigmanns-Haus zu machen. Es ist so winzig, dass man glauben könnte, Zwerge würden darin wohnen.

98 Die Freilichtbühne

Ein Theater mit ganz eigenem Charme

In Schuld an der Ahr gibt es Jahr für Jahr Open-Air-Veranstaltungen der besonderen Art, ob »Robin Hood«, »Der gestiefelte Kater« oder »Arielle, die Meerjungfrau«: Auf der Freilichtbühne in Schuld werden in jeder Spielzeit tolle Stücke für Kinder und Erwachsene aufgeführt. Hat man erst einmal auf den rustikalen Sitzplätzen Platz genommen, wird beste Unterhaltung für Groß und Klein geboten.

Angefangen hat alles mit der »Genovefa«, die als erstes Stück über die Bühne ging. Das war 1948, und seinerzeit führte man eher ernstere Werke wie den »Jedermann« von Hugo von Hofmannsthal oder Schillers »Wilhelm Tell« auf. Heute sind es vor allem Dramatisierungen alter und neuer Märchen, mit denen die Freilichtbühne zum absoluten Hit für Kids geworden ist. Und die Schauspieler geben vollen Einsatz. Wenn zum Beispiel die bösen Buben Max und Moritz eine Brücke ansägen, um dem Lehrer Lämpel einen Streich zu spielen, fällt dieser in den Bühnen-Bach und steigt triefend nass wieder heraus. Alles ist dort sehr plastisch und authentisch, so auch der schöne Brunnen auf der naturnahen Bühne.

Gegründet wurde die Bühne von der »Katholischen Spielschar Schuld«. Die Gruppe gestaltet auch heute noch das Programm. Knapp 50 Helfer sorgen jedes Jahr für tolle Bühnenaufbauten und, wenn nötig, modernisierte Dialogbücher.

Die meisten Akteure haben keine Schauspielausbildung absolviert: Hier agieren eben Laiendarsteller, manchmal sogar komplette Familien, und dies tun sie mit viel Eifer und Herzblut. Das macht auch den besonderen Charme dieser Spielstätte aus. Für die Regie ist dagegen ein echter Profi verantwortlich. Jens Kerbel ist freischaffender Theater- und Opernregisseur und genießt auf den Bühnen Deutschlands einen großen Namen. Da es in Schuld recht entspannt zugeht, findet Kerbel nebenher sogar noch Zeit, um Theaterworkshops anzubieten.

Adresse Hauptstraße, 53520 Schuld | Anfahrt an der Hauptstraße, die nach Winnerath führt, gut ausgeschildert | Öffnungszeiten Termine der Aufführungen und Kartenvorbestellung auf www.freilichtbuehne-schuld.de | Tipp In Schuld steht in der Ahrstraße 6 eine sehenswerte Hofanlage mit Krüppelwalmdachbau aus dem 18. oder 19 Jahrhundert.

99_Die Schorn-Kapelle
Outdoor-Messen dank eines glücklichen Bauern

Folgt man in Schuld dem Weg in Richtung der berühmten Freilichtbühne, gelangt man automatisch zur Schorn-Kapelle. Das architektonische Kleinod aus dem 17. Jahrhundert ist für eine Wallfahrtskapelle recht prunkvoll ausgestattet. So ist der kleine Altar gar mit Blattgold versehen. Das wurde zwar erst 1994 aufgebracht, gleichwohl verleiht es dem kleinen Haus Gottes eine gewisse Note der Erhabenheit. Eine wahre Besonderheit ist der Außenbereich. Dank Dutzender Steinbänke können hier heilige Open-Air-Messen zelebriert werden.

Was wäre eine Kapelle im Ahrtal, deren Errichtung nicht auf einer spannenden Legende beruht? So gab es einst einen Bauern in Schuld, der in der Dümpelfelder Kornmühle Säcke voll Mehl geholt hatte und auf dem Heimweg mit seinem schwer beladenen Fuhrwerk nachts die Ahr durchqueren wollte. Das Wasser war dramatisch gestiegen, denn es goss in Strömen, und so gerieten der Bauer samt Ross und Gefährt in einen starken Strudel. Da in der Dunkelheit das rettende Ufer nicht zu sehen war, rief der Mann in seiner Not und Angst die Jungfrau Maria an und versprach ihr zu Ehren die Errichtung einer Kapelle, sollte sie ihn erhören. Es dauerte nicht lange, und der Mond kam zwischen den dichten Regenwolken hervor und wies ihm mit seinem strahlenden Licht den Weg aus den Fluten. Der Bauer löste sein Versprechen ein und ließ ein Kapellchen bauen, das den Namen Schorn erhielt, denn so hieß die Familie des guten und frommen Mannes.

Tatsächlich war das heilige Haus zu Beginn recht klein. Doch im Laufe der Jahrhunderte wurde es vergrößert und seine Ausstattung ergänzt. So bekam die Schorn-Kapelle inmitten der Wirren des Zweiten Weltkriegs im Jahr 1942 zwei neue Glocken. Deutlich später erfolgte der Anschluss ans Stromnetz. Erst 1969 brannten die ersten Glühbirnen in der Wallfahrtskapelle, die all die Jahre zuvor durch Kerzen erleuchtet worden war.

Adresse Hauptstraße, 53520 Schuld | **Anfahrt** gleich an der Hauptstraße, einer Abzweigung der L 83, gut ausgeschildert | **Tipp** In Schuld hat man Spuren römischer Besiedelung gefunden. So wurden im Jahr 1960 die Überreste eines Gutshofs entdeckt, die man besichtigen kann.

100 Die alte Linde

Ein Blitzableiter aus dem Dreißigjährigen Krieg

Naturdenkmal, stummer Zeuge der letzten Jahrhunderte und von den Stadtbewohnern geliebt: Das alles gilt für die alte Linde am Ende der Koblenzer Straße, die laut Baumexperten ziemlich genau 470 Jahre alt ist. Das erste Aufkeimen wird auf 1550 datiert. Der Baum diente wohl einem besonderen Zweck und wurde als sogenannte Gerichtslinde gepflanzt. Dort versammelte sich die Gerichtsbarkeit der damaligen Zeit, um Rechtsfälle zu behandeln. Der Grund, warum vielerorts eine Linde als Versammlungsort gewählt wurde, geht auf alten Aberglauben zurück: Die ausladende und sehr hohe Krone sollte vor Blitzschlag schützen. Eine Annahme, die heute absolut überholt ist.

Am Stamm der Sinziger Linde, der einen stolzen Umfang von 5,46 Metern hat, zeugt ein Pestkreuz aus Trachyt von der Ankunft der Schwarzen Todes im Jahr 1688.

Im Jahr 1952 wurde die Linde als besonders schützenswert eingestuft und gilt seitdem als Naturdenkmal. Der Baum hat seit jeher eine große Anhängerschar: Die dicken und in sich verwickelten Äste sehen aus wie einer Phantasiewelt entsprungen und begeisterten schon immer Naturfreunde und Spaziergänger. Doch es dauerte nicht lange, dass man dem alten Laubbaum zum ersten Mal ans Geäst wollte. Ende der 1960er Jahre drohte wegen mangelnder Standsicherheit die Fällung. Zum Glück gab man dem Vorschlag eines Baumgutachters statt, die betagte Linde zu sanieren. Im Jahr 2000 sorgte sich die Verwaltung des Landkreises Ahrweiler abermals um den festen Stand. Unter den Sinzigern brach ein wahrer Sturm der Entrüstung los, und es wurde zum Erhalt der »Förderverein Naturdenkmal Sinziger Linde« gegründet. Die Initiative machte Druck und hatte Erfolg. Wieder blieb der Baum stehen. Anfang des Jahres 2019 gab es für die »Linden-Fans« gute Neuigkeiten: Ein Sachverständiger bescheinigte, dass der geliebte Baum noch weitere 1.000 Jahre alt werden könnte.

Adresse Ecke Koblenzer Straße / Lindenstraße, 53489 Sinzig | **ÖPNV** in nördlicher Richtung befindet sich in rund 300 Metern Entfernung der Bahnhof Sinzig mit guter Anbindung Richtung Köln und Koblenz | **Anfahrt** B 9, Ausfahrt Sinzig, neben dem folgenden Kreisel steht die Linde | **Tipp** In der Koblenzer Straße befindet sich der Helenensaal. Die Festhalle wurde 1910 erbaut und ist heute das Zentrum des Sinziger Karnevals.

101_ Der Barbarossa-Rundweg
Wandeln auf den Spuren des alten Kaisers

Was muss das damals, am 6. März 1152, ein Ereignis gewesen sein: Friedrich I., genannt Barbarossa, italienisch für »Rotbart«, war zu Gast in dem Örtchen Sinzig. Der Mann mit dem sagenhaften Bart war der designierte Kaiser des Heiligen Römischen Reiches Deutscher Nation, und noch heute zehren die Bewohner der Stadt an der Ahrmündung von diesem royalen Besuch. Barbarossas Aufenthalt in der Stadt hatte jedoch keinen politischen Grund: Er bettete dort lediglich in der Nacht vor seiner Krönung sein Haupt zur Ruhe. Später kam er nochmals zu verschiedenen Besuchen nach Sinzig, die jedoch alle recht kurz waren. Dennoch trifft man in Sinzig allerorten auf den späteren Kaiser. Es gibt eine Barbarossastraße und ein Mittelalterfest mit der Bezeichnung »Barbarossamarkt« in der »Barbarossastadt«, wie Sinzig mitunter genannt wird. Kurzum: Die Stadt identifiziert sich sehr mit dem Kaiser von anno dazumal. Passend dazu wurde im September 2017 der Barbarossa-Rundweg eröffnet. Insgesamt 17 Statuen des rotbärtigen Monarchen wurden in der Sinziger Innenstadt, in Parkanlagen und dem Stadtteil Bad Bodendorf aufgestellt und zuvor von Vereinen, Künstlern und Firmen farblich verschönert, bemalt und beklebt.

Doch die Figuren, die den rotbärtigen Kaiser zeigen, wurden in der Vergangenheit oft Opfer von Vandalismus. Besonders die Schwerter, die an den Statuen angebracht sind, werden immer wieder von Übermütigen als Souvenir betrachtet. Aber eine Reparaturwerkstatt kümmert sich liebevoll um die Figuren und stellt sie regelmäßig wieder her.

Den Rundgang startet man idealerweise am Kirchplatz, direkt vor dem Rathaus. Die »große Runde« bis in den Ortsteil Bad Bodendorf ist knapp 3,5 Kilometer lang. Einen leibhaftigen Barbarossa gibt es natürlich auch: Ein Stadtführer mit historischem Outfit und rotem Bart zeigt Besuchern die schönsten Stellen Sinzigs und erläutert deren Geschichten.

Adresse Startpunkt: Kirchplatz 5, 53489 Sinzig | **ÖPNV** Ahrtalbahn, Haltestelle Sinziger Bahnhof | **Anfahrt** aus Richtung Westen kommend folgt man der B 266 auf die B 9 Richtung Bad Breisig / Koblenz und nimmt die erste Ausfahrt nach Sinzig, dort der Beschilderung Richtung Rathaus folgen | **Tipp** Die im Jahr 1241 geweihte Pfarrkirche St. Peter am Kirchplatz ist im sogenannten Rheinischen Übergangsstil erbaut.

102_ Gedenkstein Rheinwiesenlager

Eine Mahnung zum Frieden

Als im Frühjahr 1945 der wie kein kriegerischer Konflikt zuvor von Tod, Leid und furchtbarsten Verbrechen gegen die Menschlichkeit geprägte Zweite Weltkrieg zu Ende ging, gerieten Hunderttausende deutsche Soldaten in alliierte Kriegsgefangenschaft. Allein im sogenannten »Ruhrkessel« kapitulierten rund 300.000 Angehörige der 15. Armee und der 5. Panzerarmee. Zur Unterbringung der Kriegsgefangenen hatten die US-Streitkräfte die »Rheinwiesenlager« angelegt, darunter auch je eines in der wegen ihrer Fruchtbarkeit als »Goldene Meile« bezeichneten Rheinuferlage Sinzig und Remagen. Für das von Anfang Mai bis zum 20. Juli 1945 existierende Lager in Sinzig mit dem offiziellen Namen »Prisoner of War Temporary Enclosure A 5« (PWTE A 5) war eine Kapazität von 100.000 Gefangenen vorgesehen, die jedoch rasch überschritten wurde. Nach neuesten Erkenntnissen lebten zeitweilig mehr als 118.000 Gefangene auf den Sinziger Rheinwiesen. Nahezu alle von ihnen harrten unter freiem Himmel aus. In selbst gegrabenen Erdlöchern suchte man Schutz vor Wind, Regen und Hitze. Wegen akuter Versorgungsschwierigkeiten mit Nahrungsmitteln und Trinkwasser litten die durch die Kämpfe der Kriegsjahre ausgezehrten Menschen an Hunger und Durst. Die Wiesen und Äcker wurden bei katastrophalen Hygieneverhältnissen zu regelrechten Schlammwüsten. Für internierte Frauen gab es einen separaten Bereich, in dem die Verhältnisse ein wenig besser waren.

Wer die heute wieder landwirtschaftlich genutzten Flächen betrachtet, kann sich die damaligen Lagerzustände nur bedingt vorstellen. Etwa 1.200 Menschen starben während der Internierung. Zur Erinnerung an das Lager Sinzig wurde an der Rheinallee ein großer Gedenkstein errichtet, auf dessen Tafel folgende Inschrift steht: »Von April bis Juli 1945 litten auf diesen Feldern unzählige Kriegsgefangene. Möge uns ihr Leid zum Frieden ermahnen.«

Adresse Rheinallee, 53489 Sinzig | **ÖPNV** In rund 1,5 Kilometern Entfernung halten am Sinziger Bahnhof diverse Personenzüge wie die Mittelrheinbahn, die Koblenz mit Köln verbindet. | **Anfahrt** B 9, Abfahrt Sinzig, auf den Trifterweg, der in die Rheinallee übergeht | **Tipp** Im nahen Remagen erinnert die Kapelle »Schwarze Madonna« an das dortige Rheinwiesenlager.

103_ Die Rudi-Altig-Stele

Ein Denkmal für den »König des Pelotons«

Der Asphalt glüht, es herrscht brütende Hitze: Rudi Altig steht kurz vor dem Zielsprint. Er weiß: Bald werden sich alle Mühen gelohnt haben. Am Nürburgring jubeln dem Ausnahmesportler knapp 10.000 Menschen zu. Und er schafft es tatsächlich: Rudi Altig wird 1966 Straßenweltmeister. Seine sportliche Leistung bei diesem Rennen war enorm: Von insgesamt 74 gestarteten Fahrern kamen wegen der extrem hohen Temperaturen nur 22 ins Ziel. Darunter Altig als einziger deutscher Fahrer. Seit diesem Erfolg setzte sich seine Siegesserie fort, und nicht zuletzt dank des gebürtigen Mannheimers wuchs das Ansehen des Radsports in Deutschlands. Als Straßenfahrer nahm er unter anderem viermal an der Tour de France teil, und auf der Bahn bestritt er insgesamt 81 Sechstagerennen, von denen er 23 gewann.

Auch nach seiner aktiven Zeit blieb Altig dem Radsport verbunden und arbeitete als TV-Kommentator. Nachdem der Plan, einen eigenen Rennstall zu gründen, gescheitert war, wurde er technischer Berater eines großen Fahrradherstellers in Remagen. Daraufhin ließ sich Altig in Sinzig nieder, genauer gesagt im Ortsteil Koisdorf. Auch wenn er kein Sohn der Stadt ist, sind die Sinziger stolz auf den legendären Pedalritter, der 2016 im Alter von 79 Jahren verstarb.

Der »König des Pelotons« ist seit März 2018 in der Barbarossastraße in Sinzig in Stein verewigt. Die »Rudi-Altig-Stele« ist ein 3,40 Meter hohes Standbild und zeigt ein Peloton. Der Fahrer an der Spitze, Rudi Altig, reckt schon den rechten Arm siegreich in Richtung Ziel.

Die Stele aus schwarzem Granit wurde von dem Herzogenrather Künstler Cornel Brücken und seinem Sohn Sven geschaffen. 450 Arbeitsstunden investierten die beiden in ihr Werk, das natürlich dem großartigen Radrennfahrer gilt und nicht »der radelnden Apotheke« – ein Spitzname, den sich Altig eintrug, nachdem er die Einnahme von Dopingmitteln zugegeben hatte.

Adresse Barbarossastraße, 53489 Sinzig | **ÖPNV** Bahnhof Sinzig, von dort nur wenige Meter | **Anfahrt** aus Richtung Bad Neuenahr-Ahrweiler über die B 266, Abfahrt Sinzig, zunächst auf die Kölner Straße, dann im folgenden Kreisel die dritte Ausfahrt nehmen | **Tipp** Gleich neben der Rudi-Altig-Stele befindet sich die Skulptur »Das alte und das junge Sinzig«. Das 2017 gestohlene Original wurde durch eine Replik ersetzt.

104 Das Sinziger Schloss

Die gute Stube der Stadt

Das Sinziger Schloss ist dem Markgrafen Willhelm V. von Jülich zu verdanken. Der Aristokrat war es nämlich, der im Jahr 1337 genehmigte, die Reichsstadt Sinzig durch eine Wasserburg schützen zu lassen. Sofort machte man sich an den Bau, und schon im Folgejahr war das Bollwerk fertig. Nachdem französische Truppen die Burg 1689 zerstört hatten, entstand auf den Ruinen ein neues Gebäude. Das war die Geburtsstunde des Sinziger Schlosses, nahe der Kernstadt gelegen. Die Nutzung variierte im Laufe der Jahrhunderte: Mal war es ein Witwensitz, mal der Wohnsitz von Fürsten. Heute ist das Schloss ein attraktiver Hingucker. Wassergräben gibt es keine mehr, dafür umringt ein Park das historische Gebäude, der von dem berühmten Gartenkünstler Peter Joseph Lenné gestaltet wurde.

Ein bedeutendes Jahr in der Chronik war 1954, als das Schloss in den Besitz der Stadt überging. Seitdem wird es sehr vielfältig genutzt. Das Heimatmuseum ist dort untergebracht, und in den mittelalterlich anmutenden Sälen finden Versammlungen und Konzerte statt. Auch ganz kuriose Veranstaltungen gab es schon im Schloss, wie den Vorentscheid der Deutschen Brettspielmeisterschaft, der 2019 ausgetragen wurde. An Sonderaktionen wie dem »Ahrtaler Gipfelfest« nimmt das Sinziger Schloss ebenfalls immer wieder gerne teil. Im Turmzimmer darf sogar geheiratet werden. Dieser Ort ist bei heiratswilligen Paaren derart beliebt, dass mitunter Monate auf einen freien Termin gewartet werden muss. Bei einer Trauung gab es sogar einst einen handfesten Skandal: Denn im Turmzimmer des Schlosses residiert der »Idolino«, die Statue eines griechischen Jünglings. Ganz authentisch kommt er gänzlich ohne Bekleidung daher. Ein Brautpaar nahm derart Anstoß an der marmornen Mannespracht, dass sie den »Idolino« aus dem Turmzimmer verbannt wissen wollten. So geschah es, und die Vermählung konnte ohne nackten »Zeugen« stattfinden.

Adresse Barbarossastraße 35, 53489 Sinzig | **ÖPNV** Ahrtalbahn, Haltestelle Sinzig | **Anfahrt** von der B 9 auf die Lindenstraße, dann auf die Barbarossastraße | **Tipp** Der preußische Gartenkünstler Lenné hat im Ahrkreis viele Spuren hinterlassen. So war er unter anderem für die Gestaltung der Kuranlagen in Bad Neuenahr verantwortlich.

105__ Der Sinziger »Stadtmauredrisser«

Identifikationsfigur mit Hose runter

Fährt man über die Landesstraße 82 von Königsfeld kommend nach Sinzig, gelangt man automatisch in den Harbachkreisel. Dort steht inmitten eines Pflanzenbeetes eine Bronzeplastik, die für die Einwohner der Barbarossastadt von ganz besonderer Bedeutung ist. Auf einer nachgebildeten Stadtmauer, der ehemaligen mittelalterlichen Wehrbefestigung, die auch heute noch in Teilen gut erhalten ist, hockt ein kleines metallenes Männlein. Das Spezielle an ihm: Mit heruntergelassenen Hosen ist es im Begriff, sein »großes Geschäft« zu verrichten.

Ganz unschuldig in die Ferne blickend, hat der »Stadtmauredrisser« ein Stück Papier in der rechten Hand, um sein Vorhaben zum Abschluss zu bringen. Heute ist der »Stadtmauerscheißer«, so salopp auf Hochdeutsch, die Identifikationsfigur für die Sinziger Bürger. Ungeachtet der vielleicht peinlich anmutenden Darstellung ist man sogar richtig stolz auf das »Scheißerlein« im Kreisverkehr. Natürlich gibt es auch eine passende Legende: Wenn ein Sinziger in früheren Zeiten von einem wichtigen Amtstermin zurückkam, sollte er sich erst einmal erleichtern, um dann ungehindert seinen bürgerlichen Pflichten nachkommen zu können. Ob es sich bei dem Wischpapier in der Hand der neckischen Figur um ein amtliches Dokument handelt, ist nicht klar erkennbar, aber durchaus wahrscheinlich.

Die lustige Plastik, geschaffen von dem Bildhauer Otto Kley aus Gimmigen, wurde 2013 aufgestellt. In diesem Jahr war die Figur oft Thema humoriger Stadtgespräche. So vermutete manch Sinziger, dass der »Stadtmauredrisser« vor dem Betreten der Stadt zum »Entleeren« ermuntere, denn damals wurde des Öfteren die mangelnde Zahl öffentlicher Toiletten kritisiert. Seitdem hat die Stadt, was das angeht, allerdings merklich aufgerüstet, obwohl die Sanitäranlagen ein stets wiederkehrender Punkt auf den Tagesordnungen der Stadtratssitzungen sind.

Adresse Harbachkreisel, 53489 Sinzig | **Anfahrt** Drei Wege führen zum »Drisser«: Die Harbachstraße führt über den gleichnamigen Kreisel nach Sinzig hinein und heraus aus dem Ort, auch die Rheinstraße führt zum Kreisverkehr. | **Tipp** Einen zweiten »Stadtmauredrisser« findet man auf dem Brunnenplatz in der Innenstadt, dort in Gestalt eines Reliefs.

106 Das alte Wasserwerk

Idylle mit Gammel-Charme

Wer Walporzheim nicht auf der Hauptstraße, sondern über die Ahruferstraße verlässt, kann tatsächlich eine Symbiose aus Landschaft und historischer Versorgungskultur erleben. Mit dem Auto kommt man hier indes nicht wirklich weit, sodass die Fortbewegung zu Fuß oder mit dem Fahrrad auf jeden Fall zu präferieren ist. Das Tal wird hier enger, die Berge höher – Hochsicht statt Fernsicht. Wer zur richtigen Jahreszeit unterwegs ist, kann noch das legendäre Sängerfest im Walporzheimer Backes mitnehmen.

Kurz bevor es am Ende des Ortes weitergeht gen Marienthal, fällt neben dem Mühlenteich ein irgendwie gar nicht zur malerischen Umgebung passendes weißes Gebäude ins Auge. Das Bachplätschern beruhigt zwar die Sinne, doch die Frage, warum es hier steht, bleibt. Die Antwort hierzu liefert die nahe Ahr, denn es war ihr Wasser, das in dem mysteriösen Haus nach vorherigem Abpumpen mittels Aktivkohlefiltern aufbereitet und zur Versorgung der Bevölkerung weitergeleitet wurde. Eine Wasserturbine sorgte für die Stromversorgung und führte dazu, dass das 1910 erbaute und Anfang der 1950er Jahre erweiterte Wasserwerk von den Walporzheimern bis heute nur »Pumpe« genannt wird. Als Museum kann es allerdings nicht mehr herhalten, denn die historischen Gerätschaften wurden nach und nach demontiert. Doch das Äußere lässt genügend Spielraum, sich die gewaltigen Maschinen im Einklang mit dem Wasser vorzustellen.

Einem praktischen Zweck dient das alte Wasserwerk sowieso noch, nutzen es doch die Ortsvereine als Lagerstätte für Utensilien aller Art – darunter auch Umzugswagen der Karnevalsgesellschaft »Bunte Kuh Walporzheim«. Obwohl in den vergangenen Jahren immer mal wieder renoviert, verfügt das Gebäude durchaus über einen gewissen Gammel-Charme, und sozusagen direkt nebenan kann man sich – je nach Jahreszeit – in Gaststätten oder am »Walporzheimer Backes« die Zeit vertreiben.

Adresse Ahruferstraße 34, 53474 Walporzheim | **ÖPNV** Ahrtalbahn, Bahnhof Walporzheim | **Anfahrt** über die B 267 (Walporzheimer Straße) auf die Winzerstraße, die direkt zur Ahruferstraße führt | **Tipp** Direkter Nachbar ist der SV Walporzheim, der hier als SG Bachem/Walporzheim auf einem idyllischen Rasenplatz seine Kreisliga-Heimspiele austrägt. Bei Siedewurst und kühlem Bier kann man nicht nur guten Fußball sehen, sondern hat auch einen idealen Blick auf die umgebende Bergwelt.

107__Der Aussichtspunkt »Bunte Kuh«

Die »Loreley der Ahr« von oben

Kaum eine Landschaftspartie steht so für die Ahrregion wie die »Bunte Kuh«. Der ebenjenem Fleckvieh ähnelnde Felsvorsprung hinter Walporzheim ziert zahllose Postkarten und Bildbände und kann getrost als »Loreley der Ahr« durchgehen. Jeder, der flussabwärts oder -aufwärts zwischen Bad Neuenahr-Ahrweiler und Altenahr unterwegs ist, muss den berühmten Felsen passieren. Generationen von Touristen und Einheimischen haben es sich im direkt nebenan gelegenen Weinhaus »Bunte Kuh« bei Rebensaft und einem stärkenden Imbiss gut gehen lassen.

Doch die Bunte Kuh und ihre Umgebung haben nicht nur von unten, sondern auch von oben ihren Reiz. Wer den Anstieg unweit der Publikumsmagnete »Dokumentationsstätte Regierungsbunker« und Museum Römervilla auf sich nimmt und am »Hotel Hohenzollern« vorbei links in den lichten Wald einbiegt, dem liegt nach wenigen Minuten die Bunte Kuh aus luftiger Höhe zu Füßen. Das Areal über der zerklüfteten Felslandschaft hat nicht nur einen der großartigsten Ahrtal-Fernblicke, sondern auch noch eine bewegte Vergangenheit zu bieten. Oberhalb der Bunten Kuh, da sind sich die Archäologen sicher, befand sich dank strategisch günstiger Lage in der Spätantike eine römische Höhensiedlung. Zahlreiche archäologische Funde wie Münzen, Nägel und sogar Spielwürfel – größtenteils von ehrenamtlichen Sondengängern gefunden – belegen die entsprechende Besiedelung. Im Zweiten Weltkrieg nutzte die Wehrmacht das Areal für eine Flakstellung zur Abwehr von Luftangriffen. Glück für die dortige Besatzung: Eine Fliegerbombe detonierte wenige Meter neben der heutigen Schutzhütte unterhalb der Aussichtsplattform – der daraus resultierende Krater ist immer noch deutlich sichtbar. Die einfache, offene Holzhütte dient Wanderern als Rastplatz und Schlechtwetter-Zuflucht.

Adresse 53474 Walporzheim | **ÖPNV** Ahrtalbahn, Haltestelle Ahrweiler Markt, von dort circa 40 Minuten zu Fuß | **Anfahrt** über die Straße Am Silberberg am »Hotel Hohenzollern« vorbei, nach circa 250 Metern findet sich auf einem Plateau ein Schotterparkplatz, von dort führt ein (Fuß-)Waldweg zum Aussichtspunkt | **Tipp** Nicht weit entfernt befindet sich das Ausflugslokal »Altenwegshof«, in dem schon Altkanzler Ludwig Erhard lieber verweilte, als an Krisenübungen im nahen Regierungsbunker teilzunehmen.

108_ Der Olivenhain

Mediterrane Früchte nach bestandenem Härtetest

Picual, Hojiblanco, Frantoio: Solche klangvollen Namen lassen eigentlich auf edle Weinsorten schließen. Doch im Ahrtal ist eben vieles anders. So anders, dass hier neben den ortsbildprägenden Weinreben auch richtige Olivenbäume wachsen. In Angriff genommen wurde das Projekt oberhalb der Lage »Am Kräuterberg« (die für ihre exzellenten Weine bekannt ist) im Jahr 2015 von dem Winzer Michael Kriechel sowie Oliver Heimermann, einem Händler für Oliven. Heimermann brachte das Know-how mit, und Kriechel stellte das Areal zur Verfügung.

Nun grünen nur wenige Meter entfernt vom Rotweinwanderweg, der sich durch die Weinberge von Walporzheim schlängelt, knapp 40 Olivenbäumchen. Zu Beginn pflanzte man verschiedene Arten aus Frankreich, Italien und Spanien, von denen längst nicht alle den Härtetest im Klima des Ahrtals bestanden. Irgendwann fand man die Arten, die mit dem felsigen Boden harmonieren, setzte rund 40 der kleinen Bäumchen und konnte sogar schon ernten. Die ersten Ahrtal-Oliven waren natürlich bei den Testessern ein absoluter Hit. Irgendwann möchte man in Walporzheim auch eigenes Olivenöl produzieren, aber das wird noch eine Weile dauern. Bis dahin begnügt man sich mit dem Einlegen der Steinfrüchte. Die besitzen zwar etwas weniger Fruchtfleisch als das Pendant aus dem Supermarkt, dafür sei der Geschmack kräftiger. Besonders pflegeintensiv sind die Bäume übrigens nicht. Speziell ist der verwendete Dünger: Im Walporzheimer Olivenhain wird Trester ausgebracht, also die Stiele, Kerne und Schalen, die nach dem Pressen der Trauben übrig bleiben.

Das Umfeld der Olivenbäumchen ist ebenfalls mediterran bepflanzt: Dort wachsen Feigen und Pfirsiche, Thymian gedeiht ebenso wie Pfefferminze und Rosmarin. Ein weiterer schöner Aspekt ist der phantastische Blick über das Ahrtal. Eine extrem bequeme Bank in Wellenform lädt zum Verweilen ein.

Adresse Nähe Am Silberberg, 53474 Walporzheim | **Anfahrt** bei der Römervilla auf die Straße Am Silberberg, nach wenigen 100 Metern gelangt man auf den Wanderparkplatz des Rotweinwanderwegs, circa 50 Meter in westlicher Richtung liegt der Olivenhain | **Tipp** Das zum Olivenhain gehörende Weingut Kriechel befindet sich in Walporzheim, Walporzheimer Straße 83 – 85.

109_Die Spirale am Ahrufer

Ein Meisterwerk aus Stein und Energie

Die Spirale ist ein Zeichen, das in zahlreichen Kulturen auf der ganzen Welt vorkommt. Sie kann die Unendlichkeit oder einen endlosen Kreislauf symbolisieren, aber auch den Weg des Lebens von der Geburt bis zum Tod. Eine Spirale findet sich auch am Ahrufer in Walporzheim. Aus vielen einzelnen Steinen in exakter Harmonie gelegt, wirkt sie für manchen auf den ersten Blick vielleicht etwas deplatziert an dieser Stelle. Doch bei näherer Betrachtung fügt sich diese Meisterleistung an Ordnung wunderbar in das wild wuchernde Wald- und Wiesenumland. Auf die Idee, einen spirituellen Versammlungsort zu schaffen, kamen Ursula und Jürgen Knopp im Sommer 2011. Spiralen üben auf die beiden eine geradezu magische Anziehungskraft aus. Die Erfahrung des spirituellen Kicks, der von dem Symbol ausgeht, wollten sie gerne auch anderen Menschen ermöglichen. So legten sie eine kleine Spirale an, und Dutzende von Leuten fügten ihren Stein dazu, stets verbunden mit persönlichen Wünschen und Hoffnungen.

Die Knopps befreien das moderne Bodendenkmal einmal pro Monat von Bewuchs. Nur die Farne lassen sie stehen, da deren Triebe ebenfalls spiralförmig sind. Anscheinend gibt es auch in himmlischen Gefilden Fans der Spirale. Beim Hochwasser 2016 blieb sie nämlich völlig unbeschadet, obwohl sie mitten im Überflutungsgebiet liegt.

Es gibt auch Spiralen-Events. Am ersten Freitag der Sommerferien in Nordrhein-Westfalen treffen sich jährlich 30 bis 40 Freunde von Musik und Spiritualität, um gemeinsam zu singen. Intoniert werden dann Songs, die man unter die Überschrift »Lieder des Herzens« fassen könnte.

Die Spirale inspirierte auch schon zu einer Idee, die keinen spirituellen Anspruch hat. So gibt es Überlegungen, ein Labyrinth aus Stein in Form einer Riesenspirale zu gestalten. Möglicherweise wird dieser Irrgarten schon zur Landesgartenschau 2022 in Bad Neuenahr-Ahrweiler realisiert.

Adresse Nähe Ahruferstraße, 53474 Walporzheim | **ÖPNV** Ahrtalbahn, Haltestelle Walporzheim | **Anfahrt** von Ahrweiler über die B 267 kommend auf die Walporzheimer Straße und gleich wieder rechts auf die Winzerstraße abbiegen, die zur Ahruferstraße führt, großer Parkplatz vorhanden, von dort circa 200 Meter Fußweg in östlicher Richtung | **Tipp** Geht man von dem Parkplatz am Ende der Ahruferstraße in westliche Richtung, kommt man zu einer kleinen Trinkwasserquelle.

110_ Die Winzerkapelle

»Us helejs Housje Heckedahl«

Was haben eigentlich Maulbeersträucher mit Weinreben zu tun? Gar nichts, doch in der Geschichte Walporzheims gab es einen Mann, der sich für beide Gewächse begeisterte. Der Dorfschullehrer Peter-Josef Gies aus dem Weinörtchen im Osten Bad Neuenahr-Ahrweilers beschäftigte sich viel mit Seidenspinnerraupen, und die ernähren sich einzig und allein von den Blättern des Weißen Maulbeerbaums. Die Zucht von Seidenspinnern ist durchaus eine ungewöhnliche Beschäftigung, besonders im Ahrtal. Größere Bekanntheit erlangte Gies jedoch auf andere Weise. Auf Bestreben des Pädagogen wurden im Jahr 1871 in Walporzheim der Winzerverein und die damit verbundene Genossenschaft gegründet. Übrigens: Der erste Winzerverein im Ahrtal wurde nur drei Jahre vorher aus der Taufe gehoben, und zwar in Mayschoß. In beiden Orten war die Resonanz seitens der Winzerschaft gewaltig. In Walporzheim zählte der Verein zum Zeitpunkt der Gründung knapp 40 Mitglieder.

Zu Ehren des großen Förderers der Winzergenossenschaft errichtete man im Jahr 1887 im Heckenbachtal die Winzerkapelle. Gies erlebte die Einweihung nicht mehr mit: Er starb bereits 1881 im Alter von 67 Jahren.

Heute ist die Kapelle ein beliebter Ausflugsort für Wanderer und wird entsprechend gepflegt. Es herrscht absolute Stille, Ruhebänke laden zum Rasten ein. Auch heute hat »Us helejs Housje Heckedahl«, wie die Kapelle in der Walporzheimer Mundart genannt wird, einen festen Platz im Kollektivbewusstsein der Einheimischen. Da wundert es nicht, dass man auch schon bangte um das kleine Gotteshaus. Besonders im Jahr 2013 war die Sorge groß, als es von einem Sturzbach beinahe hinfortgespült wurde. Das Unglück blieb aus, und das heilige Häuschen steht noch. Auch Einheimische kommen gerne hierhin: Die Walporzheimer zünden dort Kerzchen an, hinterlassen Schnitzereien aus Holz und kleine Gebetbüchlein.

Adresse über die Ahruferstraße kommend, findet man dort den Wanderparkplatz Katzen-lei, dort dem Fußweg in südwestlicher Richtung einige 100 Meter folgen | **Tipp** Walporzheim ist voller netter Winkel. In der Nähe der Kapelle gibt es sogar einen kleinen Weinbaulehrpfad.

111 Die Waldschenke »Zum Ännchen«

Aussicht, Tassenfilter und Kult-Kuchen

Nein, ein Café wie jedes andere ist das hoch über Westum auf der Hellenbachshöhe thronende »Ännchen« nicht. Das fängt schon mit dem Kaffee an. Er kommt hier nicht aus seelenlosen Plastikkapseln oder überdimensionalen Gastro-Maschinen, sondern wird in uralten, aber umso charmanteren Tassenfiltern frisch aufgebrüht. Der von der Betreiberfamilie Alfter angebotene, ausschließlich selbst gebackene Kuchen genießt schon lange Kultstatus, weshalb man schnell bestellen sollte, ehe er ausverkauft ist.

Wie es sich für das Ahrtal gehört, warten auch ausgesuchte heimische Weine darauf, getrunken zu werden. Besonders begehrt bei den Gästen sind die Plätze auf der Außenterrasse. Nicht selten greift Senior-Wirt Reinhold Alfter spontan zum Akkordeon und sorgt im Handumdrehen für kollektive Mitsingstimmung. Selbst der ehemalige Bundespräsident Karl Carstens soll bekennender Fan des »Ännchen« gewesen sein, dessen Historie bis ins Jahr 1880 zurückreicht. Den von den Westumer Gebrüdern Heuser errichteten Jagdsitz stockte man 20 Jahre später auf, und so ist der turmähnliche Bau bis heute erhalten. 1928 erwarb Christian Gemein das Haus, seine Töchter Anna und Margarete kümmerten sich um das Lokal, das fortan, benannt nach einer der Wirtinnen, »Zum Ännchen« hieß. Mühsam wurden Wein und Kuchen damals mit dem Fahrrad auf den Berg geschafft. Mit Mathilde Alfter, einer Enkeltochter von Christian Gemein, übernahm 1989 die dritte Generation das Ruder. Das »Ännchen« ist aufgrund seiner Lage ein beliebter Anlaufpunkt für Wanderer, wird aber ebenso gerne von Pkw-Fahrern und Radlern angesteuert. Sogar ein Parkplatz steht zur Verfügung. In Westum und auch auf den Wanderwegen in der Umgebung weisen Schilder den Weg zur Hellenbachshöhe. Die weithin sichtbare, auf dem »Ännchen« gehisste Fahne ist ein sicherer Indikator dafür, dass die Waldschenke geöffnet hat.

Adresse Waldstraße, 53489 Westum, www.zum-aennchen.de | **Anfahrt** aus Sinzig kommend über die Westumer Straße nach Westum, dort über die Krechelheimerstraße, Finggasse, Bachstraße und schließlich Angerstraße zur Waldstraße, Parkplätze am Lokal, von dort zu Fuß dem Waldweg folgen | **Öffnungszeiten** Mitte April–Ende Okt. Mi, Do, Sa ab 14 Uhr, So und Feiertage ab 13 Uhr | **Tipp** Das Falder-Heiligenhäuschen befindet sich an der Ecke Krechelheimerstraße / Drosselweg. Das Besondere: Der Innenraum ist mit Kacheln aus Sinzig verkleidet.

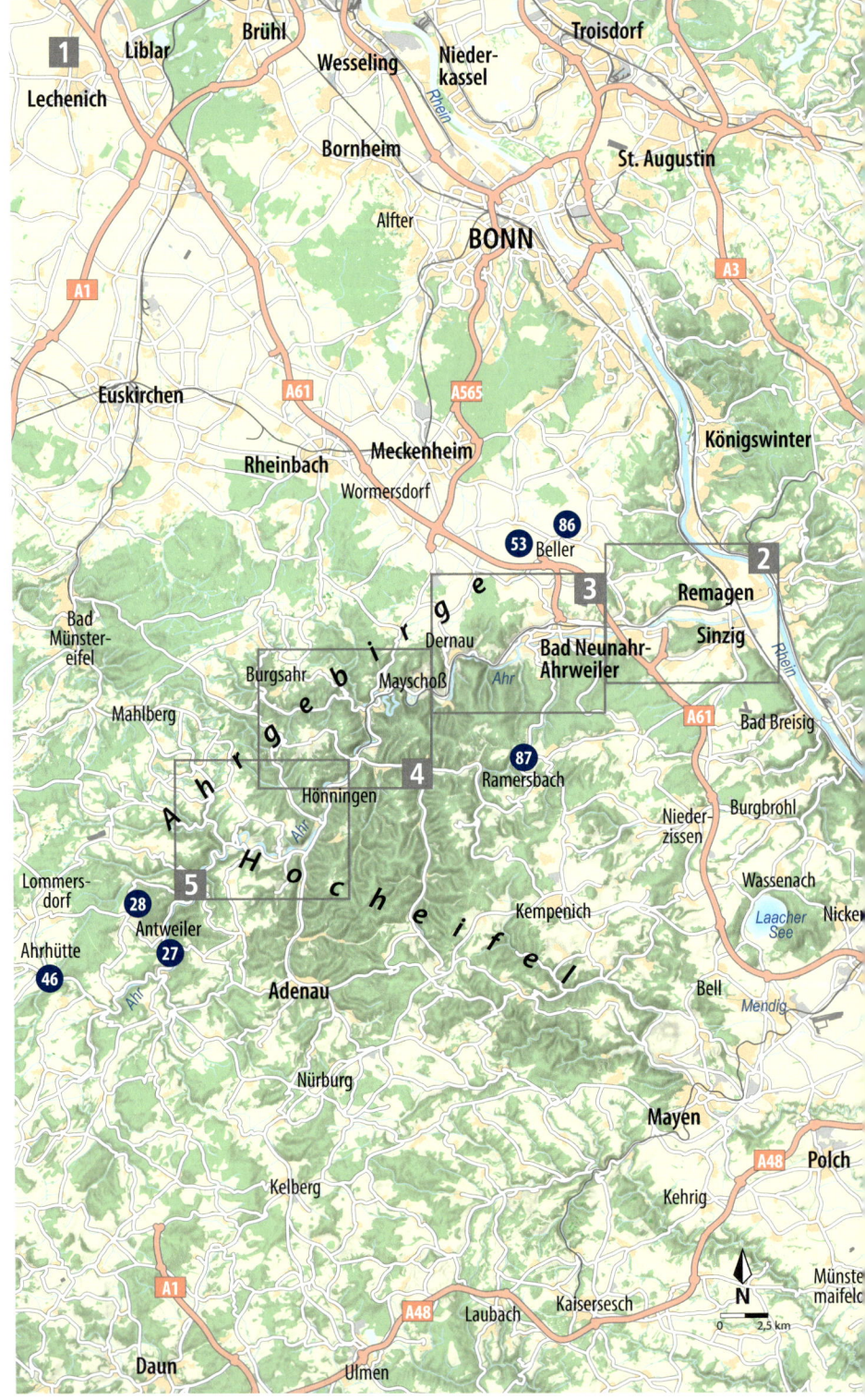

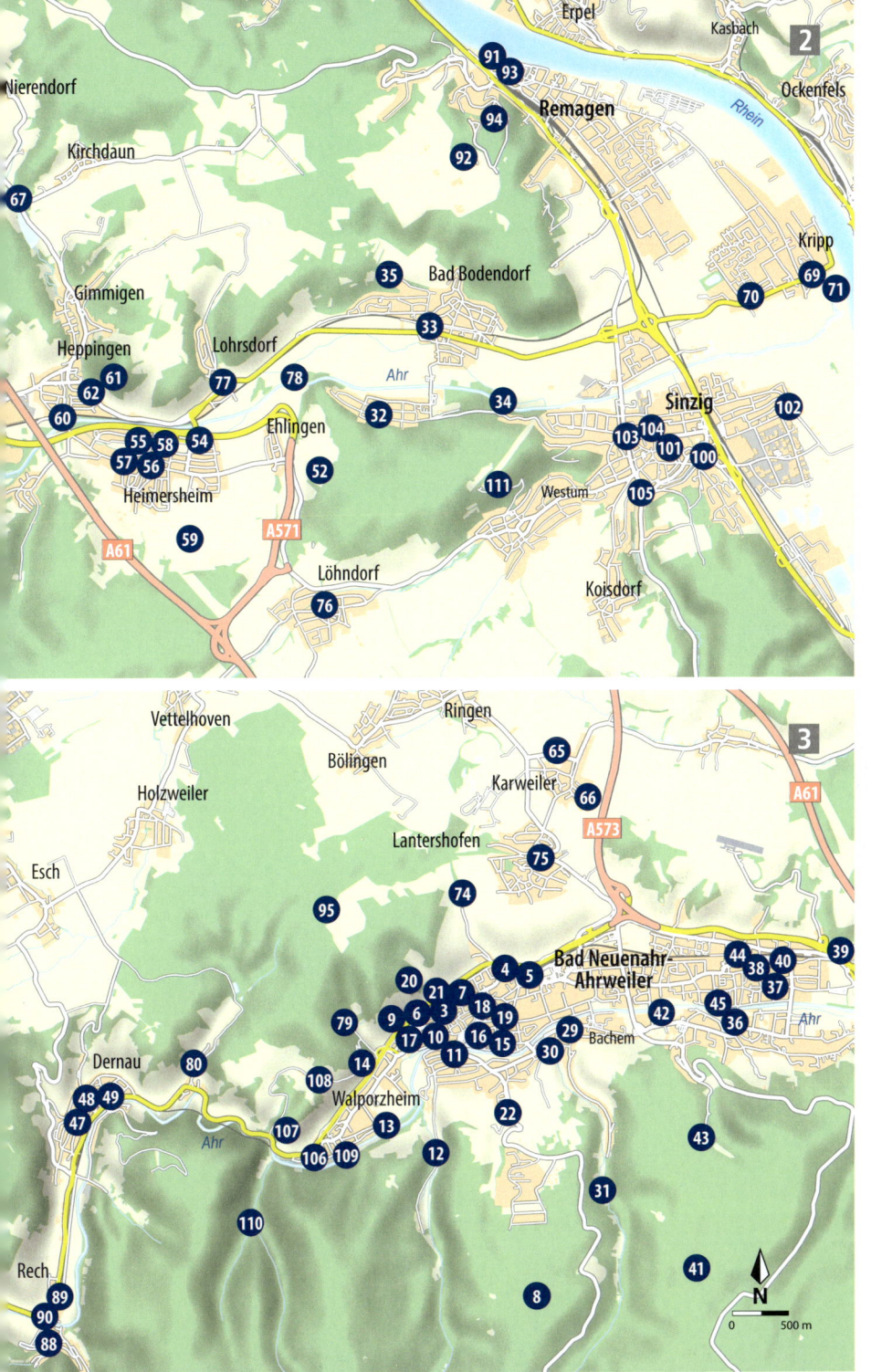

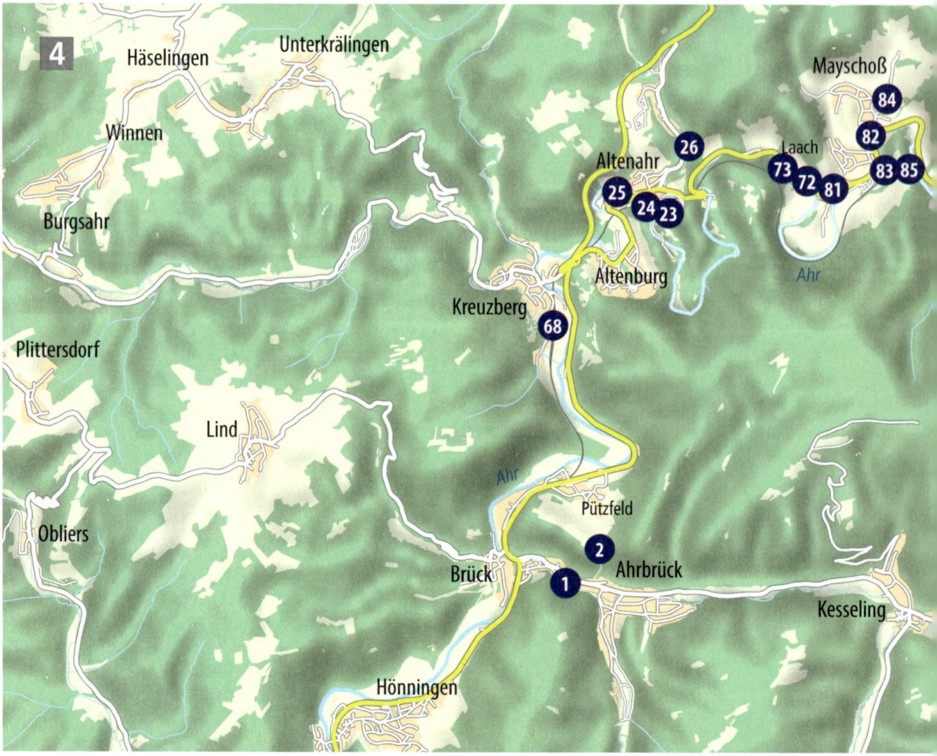
4
Häselingen
Unterkrälingen
Winnen
Burgsahr
Mayschoß
84
82
26
Laach
Altenahr
73
72
81
83
85
25
24
23
Altenburg
Ahr
Kreuzberg
68
Plittersdorf
Lind
Ahr
Pützfeld
Obliers
2
Brück
1
Ahrbrück
Kesseling
Hönningen

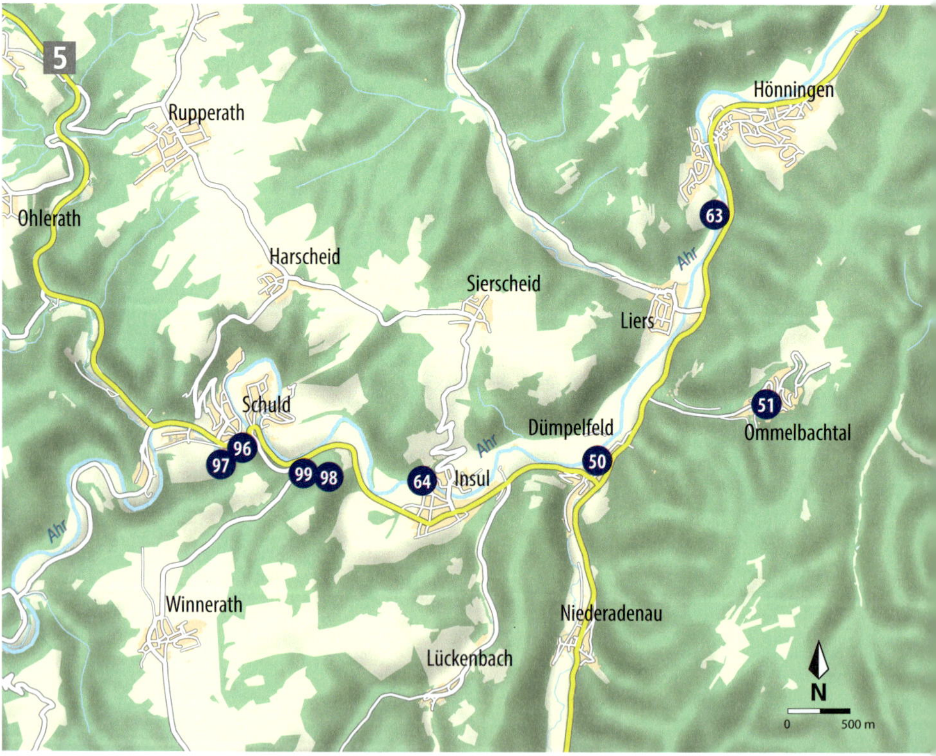
5
Rupperath
Hönningen
Ohlerath
63
Harscheid
Ahr
Sierscheid
Liers
51
Schuld
Dümpelfeld
Ommelbachtal
97
96
99
98
64
Insul
Ahr
50
Ahr
Winnerath
Niederadenau
Lückenbach
N
0
500 m

Carsten Neß, Theo Haart
111 Tiere und Pflanzen an der Mosel, die man kennen muss
ISBN 978-3-7408-0563-0

Barbara Kemmer, Frank Schmitt
111 Orte in Koblenz, die man gesehen haben muss
ISBN 978-3-7408-0439-8

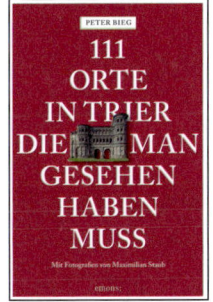

Peter Bieg, Maximilian Staub
111 Orte in Trier, die man gesehen haben muss
ISBN 978-3-95451-848-7

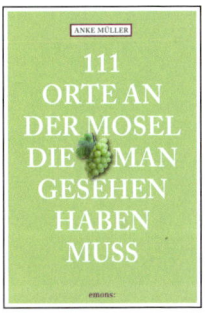

Anke Müller
111 Orte an der Mosel, die man gesehen haben muss
ISBN 978-3-95451-325-3

Elisabeth Friesenhahn, Peter Friesenhahn
111 Orte im Hunsrück, die man gesehen haben muss
ISBN 978-3-95451-319-2

Christina Kuhn, Christian Löhden
111 Orte in der Pfalz, die man gesehen haben muss
ISBN 978-3-7408-0881-5

Stefanie Jung
111 Orte in Rheinhessen, die man gesehen haben muss
ISBN 978-3-7408-0738-2

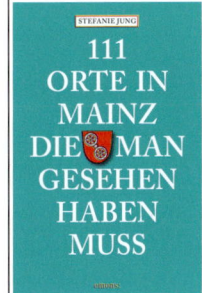

Stefanie Jung
111 Orte in Mainz, die man gesehen haben muss
ISBN 978-3-95451-041-2

Bernd Imgrund
111 Orte in der Eifel, die man gesehen haben muss
ISBN 978-3-7408-0729-0

Bernd Imgrund
111 Orte in der Eifel, die man gesehen haben muss, Band 2
ISBN 978-3-7408-0552-4

Ralf Koss
111 Orte in Dortmund, die man gesehen haben muss
ISBN 978-3-7408-0649-1

Garnet Manecke, Vera Anders
111 Orte in Mönchengladbach, die man gesehen haben muss
ISBN 978-3-7408-0606-4

Fabian Pasalk
111 Orte in Wuppertal, die man gesehen haben muss
ISBN 978-3-7408-0247-9

Fabian Pasalk
111 Orte in Essen, die man gesehen haben muss
ISBN 978-3-95451-924-8

Ursula Gilbert, Michael Klein
111 Orte im Siebengebirge, die man gesehen haben muss
ISBN 978-3-95451-921-7

Ingo Stock
111 Orte im Teutoburger Wald, die man gesehen haben muss
ISBN 978-3-95451-859-3

Markus Danner, Johannes Seibt
111 Orte in Leverkusen, die man gesehen haben muss
ISBN 978-3-95451-849-4

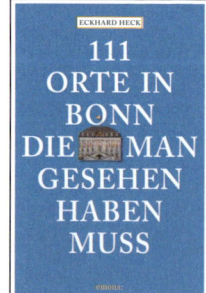

Eckhard Heck
111 Orte in Bonn, die man gesehen haben muss
ISBN 978-3-95451-212-6

Paul Stänner
111 Orte im Münsterland, die
man gesehen haben muss
ISBN 978-3-95451-116-7

Ralf Koss, Stefanie Kuhne
111 Orte im Bergischen Land,
die man gesehen haben muss
ISBN 978-3-95451-027-6

Alexander Barth, Eckhard Heck
111 Orte in Aachen
und der Euregio, die man
gesehen haben muss
ISBN 978-3-89705-931-3

Jörg Küster, Christina Kuhn,
Katrin Höller
111 Orte in Südwestfalen, die
man gesehen haben muss
ISBN 978-3-89705-926-9

Peter Eickhoff
111 Orte am Niederrhein, die
man gesehen haben muss
ISBN 978-3-89705-815-6

Bernd Imgrund, Nina Osmers
111 Orte im Kölner Umland,
die man gesehen haben muss
ISBN 978-3-89705-777-7

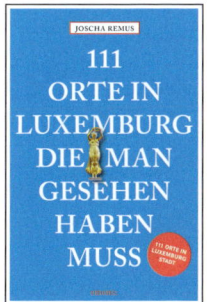

Joscha Remus
111 Orte in Luxemburg (Stadt),
die man gesehen haben muss
ISBN 978-3-7408-0363-6

Kay Walter, Rüdiger Liedtke
111 Orte in Brüssel, die
man gesehen haben muss
ISBN 978-3-7408-0128-1

Alexander Barth, Jenny Roder
111 Orte in Lüttich, die
man gesehen haben muss
ISBN 978-3-95451-925-5

Thomas Fuchs
111 Orte in Nordholland, die man gesehen haben muss
ISBN 978-3-7408-0553-1

Thomas Fuchs
111 Orte in Amsterdam, die man gesehen haben muss
ISBN 978-3-95451-209-6

Peter Gitzinger
111 Orte im Saarland, die man gesehen haben muss
ISBN 978-3-89705-709-8

Peter Gitzinger
111 Orte im Saarland, die man gesehen haben muss, Band 2
ISBN 978-3-89705-886-6

HP Mayer
111 Orte im Rheingau, die man gesehen haben muss
ISBN 978-3-7408-0999-7

Anna Köhler
111 Orte in Offenbach, die man gesehen haben muss
ISBN 978-3-7408-0982-9

Holger Grumt Suárez,
Rolando Grumt Suárez
111 Orte in und um Gießen, die man gesehen haben muss
ISBN 978-3-7408-0971-3

Ingo Stock
111 Orte im Werra-Meißner-Kreis, die man gesehen haben muss
ISBN 978-3-7408-0855-6

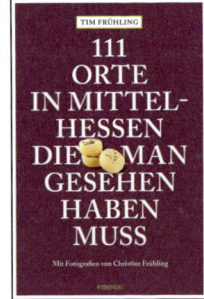

Tim Frühling
111 Orte in Mittelhessen, die man gesehen haben muss
ISBN 978-3-7408-0883-9

Dorothee Fleischmann
111 Orte im Taunus, die man gesehen haben muss
ISBN 978-3-7408-0727-6

Tim Frühling, Christine Frühling
111 Orte in Osthessen und in der Rhön, die man gesehen haben muss
ISBN 978-3-7408-0127-4

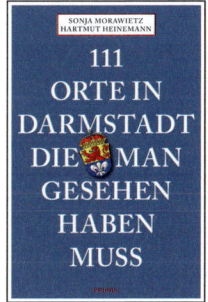

Sonja Morawietz, Hartmut Heinemann
111 Orte in Darmstadt, die man gesehen haben muss
ISBN 978-3-95451-920-0

Dietmar Hoos, Susanne Hoos
111 Orte in Kassel, die man gesehen haben muss
ISBN 978-3-7408-0728-3

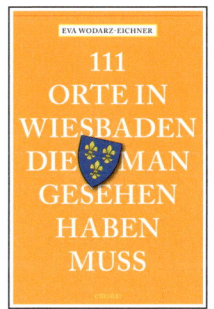

Eva Wodarz-Eichner
111 Orte in Wiesbaden, die man gesehen haben muss
ISBN 978-3-95451-670-4

Rike Wolf, Tom Wolf
111 Orte in Frankfurt, die man gesehen haben muss
ISBN 978-3-95451-342-0

Lust auf mehr? Laden Sie sich die »LChoice«-App runter, scannen Sie den QR-Code und bestellen Sie weitere Bücher direkt in Ihrer Buchhandlung.

Hier bestellen

Daniel Robbel (geboren 1984 in Bonn) wuchs im Ahrtal auf und hat es nie wirklich verlassen. Nach dem Studium in Bonn widmete er sich dem Journalismus und schrieb zunächst für den General-Anzeiger Bonn im Bereich Lokales im Kreis Ahrweiler. Heute ist er stellvertretender Chefredakteur bei der Wochenzeitung BLICK aktuell.

Dirk Unschuld (geboren 1974 in Adenau) ist im auf den Ahrbergen gelegenen Lantershofen aufgewachsen und lebt dort bis heute, arbeitete mehr als zwei Jahrzehnte im Bereich der Pflege alter und behinderter Menschen und ist heute sowohl Archivar des 1. FC Köln als auch für die Wochenzeitung BLICK aktuell tätig. Als Autor veröffentlichte er mehrere Standardwerke zum 1. FC Köln sowie in verschiedenen Medien Lokalhistorisches über das Ahrtal.